BEI GRIN MACHT SICH IHR WISSEN BEZAHLT

- Wir veröffentlichen Ihre Hausarbeit, Bachelor- und Masterarbeit

- Ihr eigenes eBook und Buch - weltweit in allen wichtigen Shops

- Verdienen Sie an jedem Verkauf

Jetzt bei www.GRIN.com hochladen und kostenlos publizieren

Svenja Planko

Beiträge zur Erforschung religiöser und geistiger Strömungen
Band 7

Besessenheit und Exorzismus im Bild

Analyse und Auswertung ausgewählter Bilder

GRIN Verlag

Bibliografische Information der Deutschen Nationalbibliothek:

Die Deutsche Bibliothek verzeichnet diese Publikation in der Deutschen Nationalbibliografie; detaillierte bibliografische Daten sind im Internet über http://dnb.d-nb.de/ abrufbar.

Dieses Werk sowie alle darin enthaltenen einzelnen Beiträge und Abbildungen sind urheberrechtlich geschützt. Jede Verwertung, die nicht ausdrücklich vom Urheberrechtsschutz zugelassen ist, bedarf der vorherigen Zustimmung des Verlages. Das gilt insbesondere für Vervielfältigungen, Bearbeitungen, Übersetzungen, Mikroverfilmungen, Auswertungen durch Datenbanken und für die Einspeicherung und Verarbeitung in elektronische Systeme. Alle Rechte, auch die des auszugsweisen Nachdrucks, der fotomechanischen Wiedergabe (einschließlich Mikrokopie) sowie der Auswertung durch Datenbanken oder ähnliche Einrichtungen, vorbehalten.

Impressum:

Copyright © 2013 GRIN Verlag, Open Publishing GmbH
Druck und Bindung: Books on Demand GmbH, Norderstedt Germany
ISBN: 978-3-656-43439-9

Dieses Buch bei GRIN:

http://www.grin.com/de/e-book/214096/besessenheit-und-exorzismus-im-bild

GRIN - Your knowledge has value

Der GRIN Verlag publiziert seit 1998 wissenschaftliche Arbeiten von Studenten, Hochschullehrern und anderen Akademikern als eBook und gedrucktes Buch. Die Verlagswebsite www.grin.com ist die ideale Plattform zur Veröffentlichung von Hausarbeiten, Abschlussarbeiten, wissenschaftlichen Aufsätzen, Dissertationen und Fachbüchern.

Besuchen Sie uns im Internet:

http://www.grin.com/

http://www.facebook.com/grincom

http://www.twitter.com/grin_com

Besessenheit und Exorzismus im Bild

Analyse und Auswertung

Zusammenfassung:
Der Beitrag analysiert Bildmaterialien, die im Internet zum Thema Besessenheit und Exorzismus vorgefunden wurden, mithilfe des Instruments der qualitativen Bildanalyse und wertet die Ergebnisse aus. Dabei zeigt sich u.a., dass das Phänomen Besessenheit genderspezifische Aspekte hat.

Inhaltsverzeichnis

1. Einleitung und Forschungsfrage...2
2. Analyse...3
   2.1 Definition Besessenheit / Exorzismus..3
   2.2 Forschungsmethode...5
   2.3 Bildanalysen...8
      2.3.1 Bilder aus Filmen..8
         2.3.1.1 Horrorfilm: Der letzte Exorzismus...8
         2.3.1.2 Horrorfilm / Thriller: Der Exorzismus von Emily Rose.....................10
         2.3.1.3 Horror Film: Der letzte Exorzismus 2..12
         2.3.1.4 Offizielle Seite von Warner Brothers zum Film „The Rite"...............14
         2.3.1.5 Horrorfilm: The Rite – Das Ritual..15
         2.3.1.6 Horrorfilm: Der Exorzismus der Emma Evans....................................17
      2.3.2 Fotografien mit künstlerischem Anspruch...18
         2.3.2.1 „Horror Scene of a Possessed Woman Crawling and Screaming through Woods"...18
         2.3.2.2 „Horror Scene of a Woman Possessed holding a doll sitting in a chair"........20
      2.3.3 Gemälde / Kunst / Zeichnungen...21
         2.3.3.1 „Meister der Wunder von Mariazell": Exorzismus, Großer Mariazeller Wunderaltar(Ausschnitt), ca. 1520...21
         2.3.3.2 Zeichnung aus einem Artikel zu Exorzismus in Ägypten...................24
         2.3.3.3 Zwei Gemälde: Exorzismus...25
         2.3.3.5 Exorzismuskarikatur..28
         2.3.3.6 Bild eines Fastentuchs aus einem heute.at Artikel: 122 neue Exorzisten für katholische Kirche..29

    2.3.4 Artikel und dokumentarische Bilder..31

        2.3.4.1 Exorzismus von Annelise Michel...31

        2.3.4.2 Exorcism Columbia (Los Angeles Times Photography)...................33

        2.3.4.3 derstandard.at Artikel: Von allen bösen Geistern besessen...............35

        2.3.4.4 Exorzismusritual in der Kirche Divine Saviour in Mexico City.......36

        2.3.4.5 Telquel Artikel: Fais divers. L'exorcisme tue...................................38

        2.3.4.6 Exorzismus eines schlechten Geistes in den Straßen von Akra Indien...........39

        2.3.4.7 Reportage: The Exorcised of Bahadur Shahid..................................41

        2.3.4.8 Pi-News Artikel: Islamischer Exorzist erwürgt Frau........................42

        2.3.4.9 Einstufung und Klassifizierung von Besessenheit............................44

        2.3.4.10 Besessenheit / Voodoo..46

        2.3.4.11 Krone.at Artikel: 14- Jährige nach Teufelsaustreibung fast erblindet..........47

    2.4 Herausstellung von Gemeinsamkeiten und Unterschieden............................49

    2.5 Teuflische Besessenheit bei Frauen...52

3. Fazit..54

4. Quellenangaben...56

    4.1 Literaturquellen...56

    4.2 Bildquellen..57

    4.3 Internetquellen..59

1. Einleitung und Forschungsfrage

Besessenheit und Exorzismus sind in Deutschland entweder durch Horrorfilme wie „Der Exorzist" oder „Der Exorzismus von Emily Rose" bekannt oder tauchen gelegentlich in den Negativschlagzeilen im Fernsehen oder in Zeitungen auf, wenn es z. B. zu Todesfällen durch Exorzismus gekommen ist. Die Anwendung von Exorzismus, vor allem durch die katholische Kirche, wird hier meist als rückständig und barbarisch dargestellt und Besessenheit als Mittel genutzt, um Angst zu verbreiten oder Attraktionslust zu wecken. Tatsächlich wird Exorzismus auch heute noch angewendet, etwa durch die katholische Kirche oder protestantische Freikirchen, aber auch global in den verschiedensten Kulturkreisen und Religionen[1].

Da es sich um ein globales Phänomen handelt, welches schon lange Zeit existiert, ist es interessant zu untersuchen, welche Gemeinsamkeiten und Unterschiede es bei der Darstellung von Besessenheit gibt und ob es eine Art „Kerndarstellung" von Besessenheit gibt. Welche

---
[1] Habermehl, Seite 403.

Mittel werden genutzt, um in Filmen sowie Bildmaterial Angst zu verbreiten und woher stammen diese Merkmale?

Um Merkmale von Besessenheit herauszuarbeiten, wurden Fotos, Gemälde, Zeichnungen, sowie Bilder aus Filmen einer qualitativen Bildanalyse unterzogen. Die Bilder wurden dabei auf drei Ebenen untersucht, i. e. auf vorikonographischer, ikonographischer und ikonologischer Ebene. Durch diese Methode kann nicht nur eine Aussage über den Bildinhalt getroffen werden, also darüber *Was* der Bildersteller zeigen will, sondern auch darüber *Wie*, also mit welchen Mitteln, es gezeigt wird und welches allgemeine Verständnis bei dem Betrachter angesprochen wird.

Als Ausgangspunkt der Bildanalysen werden die Begriffe Besessenheit und Exorzismus geklärt, um eine Grundannahme darüber treffen zu können, wie Besessenheit erkenntlich wird.

2. Analyse

2.1 Definition Besessenheit / Exorzismus

„Besessenheit ist ein Zustand der Trance, in dem ein Medium die Energie oder Kraft eines nicht verkörperten Geistes in sich aufnimmt. Bei dem Trancezustand, in dem Besessenheit auftritt, handelt es sich nicht um den Verlust des Bewusstseins – auch nicht bei anschließender Amnesie -, sondern vielmehr um eine neue, anders geartete Form des Bewusstseins."[2]

Unter Besessenheit wird im Allgemeinen ein Zustand verstanden, bei dem die Seele eines Menschen von einem anderen, übernatürlichen Geisterwesen besessen ist. Solche Zustände sind in den meisten Glaubenssystemen bekannt. In verschiedenen Kulturkreisen tritt Besessenheit innerhalb unterschiedlicher Phänomene und Rituale auf, wie zum Beispiel im Voodoo in Westafrika und Haiti, im südamerikanischem oder auch zentralasiatischen Schamanismus oder im japanischem Shintoismus. Innerhalb der katholischen Kirche gibt es bis heute das Amt des Exorzisten, dessen Aufgabe es ist, besessene Menschen von bösartigen übernatürlichen Kräften zu befreien.[3]

Eine genauere religionswissenschaftliche Definition von Besessenheit und besonders die Ausarbeitung der Merkmale besessener Personen sind jedoch schwierig. Da Besessenheit ein globales Phänomen ist und in verschiedenen Kulturen unterschiedlich durch die Gesellschaft geprägt ist, gibt es viele Variationen der Merkmale. *„Unter Besessenheit werden in der*

---
2 Martin, Seite 40.
3 Martin, Seite 40.

Geschichte der Religionen wie auch in der Religionswissenschaft und angrenzenden Wissenschaften so viele verschiedene Zustände subsumiert, dass es nicht möglich ist anzugeben, was Besessenheit eigentlich sei."[4]

Ein zentraler Punkt der Vorstellung von Besessenheitszuständen ist, dass davon ausgegangen wird, dass es erstens Geisterwesen gibt, die Auswirkungen auf Menschen haben können, und zweitens die Vorstellung von einer menschlichen Seele existiert.[5]

Zinser sieht Besessenheit als *Interpretation eines besonderen Zustandes*, wobei Besessenheit als *veränderter, außergewöhnlicher Bewusstseinszustand* beschrieben wird. Besessenheit kann sich durch körperliche, von außen sichtbare Veränderungen der betroffenen Person bemerkbar machen. Diese Veränderungen sind jedoch geschichtlich und kulturell sehr verschieden und werden teilweise auch als krankhaft empfunden, so dass sie nicht als Merkmale zur Erkennung von Besessenheit genutzt werden können. Zu diesen Veränderungen gehören zum Beispiel ungewöhnliche Körperbewegungen wie *„[...] Augenrollen, unwillkürliche Zuckungen einzelner Glieder, Starre, unwahrscheinlich große Kraftentfaltung [...]"* und veränderte Verhaltensweisen, wie *„[...] Veränderungen der Stimme, unkontrolliertes Reden und Handeln [...]"*. Ob eine solche Veränderung *„[...]als Besessenheit anzusehen ist oder nicht, hängt davon ab, ob in einer Gesellschaft solche Erscheinungen als Besessenheit gelten und damit Besessenheit als Interpretation für die soziale Gruppe vorgegeben und als Selbstinterpretation von den einzelnen Individuen erlernt ist."* Ursachen für Besessenheitszustände sind je nach Kultur und Religion verschieden. Häufig werden als Urheber für Besessenheit Götter oder Geister genannt, die Besitz von einem Menschen oder seiner Seele ergriffen haben.[6]

Ein weiterer Aspekt von Besessenheit, den Zinser nennt, ist die *Transzendierung des Alltags*. Demnach wird durch Besessenheit und Besessenheitsrituale Platz für das geschaffen, was den Mitgliedern bestimmter Kulturen und Religionen nicht erlaubt ist oder normalerweise unterdrückt wird.[7]

Einer theologischen Definition nach kann bei Besessenheit immer zwischen positiven und negativen Phänomenen unterschieden werden. *„Entweder ist B[esessenheit] ein positiver, erwünschter, also religiös produktiver Zustand, auch wenn die Person, die ja zurückgedrängt*

---

4 Zinser, Seite 131.
5 Zinser, Seite 134.
6 Zinser, Seite 131-132.
7 Zinser, Seite 133-134.

wird, sich zunächst dagegen wehrt, oder B[esessenheit] ist ein negativer, quälender Krankheitszustand, der nach Heilung verlangt."[8]

Exorzismus wird als eine Methode genannt, einen besessenen Menschen von Geistern zu befreien. Das Wort Exorzismus wird von dem griechischen Wort *exhorkismós* abgeleitet, das so viel bedeutet wie Vereidigung aber auch Beschwörung. Psychologisch betrachtet kann Exorzismus als „Therapie" gedeutet werden, die dazu dienen soll, den Betroffenen von *„traumatischen Erfahrungen, Schuldgefühlen oder anderen (selbst)zerstörerischen Energien"* zu befreien. Als sozialer Prozess dient Exorzismus dazu, den Besessenen symbolisch von *„gruppeninterne[n] und gesellschaftliche[n] Konflikte[n]"* zu befreien, die auf ihn projiziert worden sind. Aus theologischer Perspektive erklärt und legitimiert der Exorzismus das dualistische Weltbild des Christentums, da individuelle und kollektive Ängste auf das Böse konzentriert werden, welches jedoch durch Exorzisten beherrscht werden kann.[9]

2.2 Forschungsmethode

Im Folgenden werden die Ergebnisse einer qualitativen Bildanalyse mit Bildern von „Besessenen" aus Filmen, Dokumentationen oder künstlerischen Darstellungen wie Zeichnungen und Gemälden zusammengefasst und diskutiert, um gemeinsame Merkmale herauszuarbeiten. Es wurden 25 Bilder ausgewählt, die unter den Suchworten „Exorzismus", „Besessenheit", „Teufelsaustreibung" alleine oder in Kombination mit verschiedenen Religionen wie „Christentum", „Islam", „Judentum", „Hinduismus" und teilweise auch den Ländern „Indien" und „Mexiko" gefunden wurden. Weiter untersucht wurden jene Bilder, die mindestens eine Person zeigen, die als „besessen" dargestellt wird. Dass diese Person besessen sein soll, wurde entweder der Bildunterschrift oder dem Kontext des Bildes (wie etwa der Film- oder Bildbeschreibung oder dem dazugehörigen Zeitungsartikel) entnommen. Ralf Bohnsack stellt mit der dokumentarischen Methode eine Möglichkeit vor, zu untersuchen, wie kulturelle oder gesellschaftliche Phänomene hergestellt werden, statt nur zu fragen, was diese Phänomene sind.[10] Hierbei lehnt er sich an die Bildinterpretation nach Panofsky an, die den Sinn von Bildern erfassen will. Sinn wird dabei als „Interaktionsprodukt von Bild und Rezipienten" angesehen. Panofsky unterscheidet bei der Bildanalyse drei Ebenen von Sinn. Auf jeder Ebene ist vorausgesetzt, dass die Interpretation aus einer subjektiven Quelle erfolgt und deren Vorwissen berücksichtigt werden muss. Das jeweilige Wissen der Person, die das Bild interpretiert, soll mit dem Bild in Zusammenhang gebracht

---

8 Mensching, Seite 1093.
9 Habermehl, Seite 401.
10 Bohnsack, Seite 69.

werden. Sinn wird nach Panofsky als „'Bezugsgröße' zwischen einer aktuellen und einer früheren Erfahrung beschrieben".[11]

Die erste Ebene ist die *vor-ikonographische* Sinnebene. Hier wird beim Betrachten des Bildes das beschrieben, was jeder Mensch ohne Vorwissen durch unmittelbare Betrachtung sehen kann. Auf der *ikonographischen* Sinnebene wird das gesellschaftlich und kulturell geprägte Vorwissen der interpretierenden Person miteinbezogen, die den Bedeutungssinn herstellen soll. So können dazu die zuvor auf der *vor-ikonographischen* Sinnebene erkannten Bildelemente miteinander in Bezug gesetzt werden. Die letzte Sinnebene ist die *ikonologische* Sinnebene. Sie unterscheidet sich von den beiden anderen Ebenen dadurch, dass hier keine „expliziten Codes" angenommen werden, die alle Menschen bzw. alle Menschen aus einer kulturellen Gruppe gleich deuten würden. Die Deutung auf *ikonologischer* Sinnebene findet auf der Basis des spezifischen Wissens statt, das der Interpret mit einbringt. Der Fotograf, der das Bild erstellt hat, übermittelt auf *(vor-)ikonographischer* Ebene Botschaften, da er davon ausgehen kann, dass die Rezipienten dasselbe Wissen teilen und dieselben Codes anerkennen wie er.[12]

Auf *ikonologischer* Ebene soll beim Betrachten des Bildes herausgefiltert werden, welche nicht intentionalen Botschaften das Bild vermittelt, also all das, was der Bildproduzent nicht zu übermitteln beabsichtigt hat.[13]

Die dokumentarische Interpretation untersucht also nicht nur die ikonographische Ebene, sondern auch die vorikonographische Ebene. Wenn zum Beispiel eine Gebärde als Hutziehen beschrieben wird, so ist dies ikonographisch gedeutet. Auf ikonologischer Ebene würde diese Gebärde als Grüßen interpretiert werden. Ein Schrei (vor-ikonographisch) könnte auf ikonographischer Ebene als Hilferuf oder ein Schmerzensschrei gedeutet werden. Der Schrei hat also eine dokumentarische und eine konjunktive Bedeutung. Dokumentarisch bedeutet, dass der Schrei ein festgelegtes Zeichen für einen bestimmten Bedeutungsgehalt ist. Konjunktiv heißt, dass der Schrei in einen bestimmten Bedeutungszusammenhang eingebettet ist und aus diesem heraus gedeutet werden muss.[14]

In der formalen Bildanalyse schlägt Bohnsack verschiedene Schritte vor. Die Untersuchung der *Bildkomposition*, der *szenischen Choreographie* sowie der *planimetrischen Bildstruktur*. Die *formale Bildkomposition* sollte beachtet werden um zu vermeiden, dass man die einzelnen Gegenstände eines Bildes isoliert wahrnimmt, sondern stattdessen als „szenische

---

[11] Michel, Seite 102.
[12] Michel, Seite 103-104.
[13] Michel, Seite 104.
[14] Bohnsack, Seite 74.

Sinneinheiten", also im Kontext mit anderen Bildgegenständen. Die formale Bildkomposition wird nach Bohnsack durch die „perspektivische Projektion", der „szenischen Choreographie" und der „planimetrisch geregelten Ganzheitsstruktur" des Bildes bestimmt.[15] Hilfreich kann es hierbei auch sein, sich einzelne Elemente des Bildes herauszugreifen und diese gedanklich zu variieren, um zu untersuchen, in welcher Form das Bild sich dadurch verändern würde. Bohnsack bezeichnet dies als *Kompositionsvariation*.[16] Die *szenische Choreographie* eines Bildes bezeichnet das Verhältnis der abgebildeten Personen zueinander. Hiermit sind nicht nur die Stellung der Personen im Raum zueinander, sondern auch die Gebärden und Blicke gemeint. Auch hier besteht die Möglichkeit, sich die Personen in anderen Situationen oder mit anderen Gebärden vorzustellen und zu beobachten, welche Sinnveränderungen sich dadurch ergeben würden.[17] Die *planimetrische Struktur* eines Bildes sieht das Bild als ganzheitliche Komposition und untersucht die Stellung von Personen und Gegenständen zueinander, sowie Größe und Dominanz bestimmter Bildelemente.[18]

Nach der Ikonik wird auch die Ikonologie untersucht. Bildinhalte werden nun nicht mehr nur als das gesehen, was direkt aus dem Bild über sie entnommen werden kann, sondern es werden zusätzliche Informationen hinzugezogen, die nicht direkt aus dem Bild stammen. Diese Informationen können entweder aus Bildunterschriften oder Kontextwissen entnommen werden oder aber stereotypisierendes Wissen sein, welches Bohnsack als *kommunikativ-generalisiert* bezeichnet. Der Interpret greift also auf sein eigenes handlungspraktisches und Alltagswissen zurück. Die Ikonologie ist somit standort- bzw. milieugebunden.[19]

Die dokumentarische Methode wird von Bohnsack als Methode beschrieben, nicht nur nach dem *Was* des Bildes zu fragen, sondern auch nach dem *Wie*, also danach, wie der Sinngehalt des Bildes zustande kommt. Er sieht Bilder als nicht durch andere Medien ersetzbar, da durch die *formal-ästhetische* Bildkomposition ein Sinn vermittelt werden könne, der etwa durch Text oder Film nicht vermittelt werden könnte.[20]

Die dokumentarische Methode hält somit nicht nur fest, was sich auf einem Bild befindet, sondern auch welchen Sinn die Bildelemente haben, besonders im Bezug aufeinander und auf ihre Umwelt. Außerdem kann untersucht werden, wie der Fotograf / der Künstler im Bild Sinn konstruiert hat. Beim letzten Schritt, der Untersuchung auf ikonologischer Ebene, wird das

---

15 Bohnsack, Seite 74-75.
16 Bohnsack, Seite 79-80.
17 Bohnsack, Seite 81.
18 Bohnsack, Seite 82-83.
19 Bohnsack, Seite 84-86.
20 Bohnsack, Seite 89-91.

spezifische und stereotype Wissen, der kulturelle Kontext und das Milieu des Interpretierenden miteinbezogen.

Diese dokumentarische Methode nach Bohnsack soll dazu genutzt werden, die ausgewählten Bilder inhaltlich zu beschreiben, um Gemeinsamkeiten und Unterschiede herausarbeiten zu können, sowie über den Bildinhalt hinaus deuten zu können, an welchen „Common Sense" die Bildersteller appellieren und welches spezifische Verständnis von Exorzismus und Besessenheit beim Bildbetrachter angesprochen werden soll.

2.3 Bildanalysen

Die Bildanalysen sind in verschiedene Kategorien eingeteilt. Es wird zwischen Bilden aus Unterhaltungsfilmen, Fotografien mit künstlerischem Anspruch, Gemälden und Zeichnungen und Fotografien mit dokumentarischem Anspruch unterschieden. Unter den Bildern finden sich solche aus dem westlichen, meist christlich geprägten Kontext, sowie Bilder aus anderen kulturellen und religiösen Kontexten. Anhand der Analyse sollen auch hier Gemeinsamkeiten und Unterschiede herausgearbeitet werden.

2.3.1 Bilder aus Filmen

Zunächst werden Bilder untersucht, die aus Filmen stammen, die der Unterhaltung dienen. Hierbei fällt sofort auf, dass es sich bei den untersuchten Filmen nur um Horrorfilme handelt. Das Thema Exorzismus / Besessenheit wird also genutzt, um beim Zuschauer Angst auszulösen.

2.3.1.1 Horrorfilm: Der letzte Exorzismus

http://www.movie-infos.net/news_detail.php?newsid=26279
Zugriff: 04.03.2013 10:02 Uhr

Kontext:

Das Bild stammt aus dem Horrorfilm „Der letzte Exorzismus" von Regisseur Daniel Stamm aus dem Jahr 2010. Reverend Cotton hat bisher Exorzismen bei Gläubigen durchgeführt, die nur scheinbar von Dämonen besessen waren und dabei kleine Tricks angewendet. Er will seinen letzten Exorzismus durchführen und dies dokumentieren, um den Irrglauben aufzudecken. Er muss jedoch bei seinem „letzten Exorzismus" erkennen, dass tatsächlich etwas Übernatürliches, Böses am Werk ist und findet zu seinem Glauben zurück.[21]

---

21 http://de.wikipedia.org/wiki/Der_letzte_Exorzismus [11.04.2013, 12:52].

Formulierende Interpretation:

Vorikonographische Ebene:

Auf dem Bild ist eine weibliche Person in einem mit Stroh ausgelegten dunklen Raum, in dem kaputte Möbel stehen, zu sehen. Der Raum sieht aus, als würde er normalerweise nicht genutzt. Die Frau im Vordergrund trägt ein weißes Nachthemd oder Kleid, das an der Vorderseite im Bereich des Bauches und Unterleibes sowie am Ärmel von Blut durchtränkt ist. An den Füßen trägt die Frau rote, feste Schuhe. Bei genauerem Hinsehen sieht man eine Eisenkette, die zum Fuß der Frau führt. Ob die Frau angekettet ist, ist nicht erkennbar.

Das Bild ist sehr dunkel. Besonders der Hintergrund ist fast schwarz, so dass man die Umgebung der Frau schlecht erkennen kann. Die Bildkomposition ist gut gelungen, da die Frau nicht genau in der Mitte des Bildes positioniert ist, sondern ein Drittel des Bildvolumens einnimmt. Der Fotograf bzw. der Zuschauer befindet sich auf Augenhöhe mit der Frau und kann sich so stärker mit der Frau identifizieren und wird ins Bild hineingezogen. Sie wird durch helles Licht von oben in Szene gesetzt und der Kontrast aus schwarzem Hintergrund sowie ihrem mit Blut besprizten weißen Kleid reizt zum Hinsehen. Durch ein grünes Möbelstück und der roten Farbe auf ihrem Kleid entsteht ein weiterer Kontrast. Das gesamte Bild scheint ein Spiel aus Licht und Schatten zu sein. Besonders der schwarze Schatten unter der Frau fällt auf.

Ikonographische Elemente:

Aufgrund des Strohs könnte es sich bei dem Raum um eine Scheune handeln. Das Blut an der Kleidung der Frau sowie die Eisenkette lassen darauf schließen, dass sie entweder eine Gewalttat begangen hat oder Opfer einer Gewalttat wurde. Ihre Kleidung (weißes Kleid oder Nachthemd) passt nicht in den Kontext der Scheune.

Reflektierende Interpretation:

Formale Komposition:

Die Frau steht im Zentrum der Betrachtung, da sie sich im Vordergrund befindet, der scharf gestellt ist und beleuchtet wird. Die Frau hebt sich von ihrem Umfeld farblich ab, da sie durch ihre Kleidung und Hautfarbe sehr hell wirkt und der Hintergrund beinahe schwarz ist. Sie ist gleichzeitig doch sehr gut integriert, da das rote Blut und das grüne Möbelstück im Hintergrund eine kontrastierende Farbkomposition bilden.

Ikonische Interpretation:

Dadurch, dass die Frau durch ihre Kleidung (weißes Nachthemd oder Kleid) nicht in die Umgebung der Scheune passt, wird sie stilistisch hervorgehoben. Sie wirkt deplatziert. Das Nachthemd würde viel mehr in den Kontext eines Schlafzimmers passen. Die Beschmutzung der weißen Kleidung durch rotes Blut und die Eisenkette lassen den Betrachter an Gewalt, Verletzung und Tod denken. Der dunkle, schwer erkennbare Hintergrund wirkt in diesem Zusammenhang bedrohlich. Die Frau ist leicht verschwitzt und ihre langen offenen Haare kleben an ihrem Körper, was an körperliche Anstrengung oder im Zusammenhang mit dem Blut und der Kette an Angstschweiß denken lässt. Das weiße Kleidungsstück, besonders an einer Frau, ist ein Zeichen der Unschuld, die jedoch durch das rote Blut beschmutzt worden ist. Dass die Frau in einer Scheune untergebracht und angekettet ist, lässt an das Anketten eines Tieres erinnern und stellt sie als animalisch dar. Ihre seltsam verrenkte Körperhaltung sieht so unnatürlich aus, dass es unwahrscheinlich erscheint, sie habe diese von alleine eingenommen. Vielmehr scheint jemand anderes dafür verantwortlich zu sein. Ihr starrer Blick lässt sie benommen wirken, als wäre sie nicht ganz bei sich oder würde unter Schock stehen. Dadurch, dass sie benommen wirkt und in einer sehr unnatürlichen Körperhaltung ist, wird der Eindruck erweckt, dass etwas für die Frau und auch für den Betrachter Unerklärbares vor sich geht.

2.3.1.2 Horrorfilm / Thriller: Der Exorzismus von Emily Rose

http://www.celluloid-dreams.de/kritiken/show/Der-Exorzismus-von-Emily-Rose.html
Zugriff: 04.03.2013 10:04 Uhr

Kontext:

Das Bild stammt aus dem Horrorfilm „Der Exorzismus von Emily Rose", von Regisseur Scott Derrickson, der im Jahr 2005 in die deutschen Kinos kam. Der Film basiert auf dem Gerichtsprozess, der gegen zwei Pfarrer aufgrund von fahrlässiger Tötung geführt wurde. Diese hatten in den 1970er Jahren einen Exorzismus bei Annelise Michel durchgeführt. Thema des Films ist, ob es sich um Besessenheit durch den Teufel oder etwa um eine Krankheit wie Schizophrenie oder Epilepsie handelt.[22]

---

22 http://de.wikipedia.org/wiki/Der_Exorzismus_von_Emily_Rose [11.04.2013, 12:59 Uhr].

Formulierende Interpretation:

Vorikonographische Ebene:

Das Bild zeigt eine Frau in einem weißen Schlafanzug, die barfuß auf dem Boden kniet. Sie ist vor einer orangen Wand mit grünen Spritzern zu sehen, im Hintergrund sieht man den unteren Teil einer goldenen Stehlampe. Neben ihr liegt etwas Dunkles auf dem Boden, was nicht genau erkennbar ist. Es könnte sich um Exkremente, Dreck oder Erde handeln.

Die Frau ist der Kamera zugewandt, blickt jedoch nach (von ihr aus gesehen) links und scheint mit ihren Augen jemanden oder etwas zu fixieren. Ihre Mimik ist nicht genau zu deuten, die Augen sind leicht zusammengekniffen, der Mund unnatürlich weit aufgerissen. Die Haltung ihrer Hände ist auffällig, da sie sehr angespannt sind, jedoch keine bestimmt Bewegung ausführen.

Die Frau steht in der Mitte des Bildes. Der Zuschauer blickt leicht von oben herab auf die Frau. Durch die Hintergrundfarben orange und grün wird die Aufmerksamkeit etwas von der Frau weggezogen, die relativ farblos ist. Die Haare der Frau sind lang, leicht strähnig und wirr. Eine Strähne hängt ihr ins Gesicht.

Ikonographische Elemente:

Die gesamte Körperhaltung der Frau ist angespannt. Dadurch, dass der Zuschauer von oben herab auf sie blickt und sie am Boden möglicherweise neben Exkrementen hockt, erweckt sie einen animalischen Eindruck. Auch ihre Mimik, ihr zum Schreien aufgerissener Mund, wirkt nicht menschlich, sondern eher wie ein wütendes Tier, das etwas verteidigen muss. Da sie einen Schlafanzug trägt und ungewaschene Haare hat, wirkt sie insgesamt vernachlässigt und ungepflegt, so als wäre sie schon lange in diesem Zustand.

Reflektierende Interpretation:

Formale Komposition:

Die Frau befindet sich in der Mitte des Bildes, der Betrachter blickt leicht schräg von oben auf sie herab. Neben ihr sind Exkremente, Dreck oder Erde auf dem Boden, zu denen sie sich heruntergekniet hat. Ihr Oberkörper ist jedoch dem Betrachter zugewandt, also von ihr aus leicht nach links gedreht. Ihr Kopf ist noch weiter nach links gedreht, als würde sie sich einer Person zuwenden (und durch Schreien auf diese reagieren) die nicht im Blickfeld des Betrachters ist. Die Farben an der Wand (Orange mit leuchtend grünen Flecken) sind irritierend und lenken den Blick des Betrachters von der Frau ab.

Ikonische Interpretation:

Die Frau wirkt animalisch, da sie am Boden unter dem Betrachter hockt, neben ihr auf dem Boden Dreck, Erde oder Exkremente sind, sie den Mund weit aufgerissen hat und durch ihre angespannte Körperhaltung aggressiv wirkt. Der Schlafanzug lässt an Schlaf und Traum denken, also an andere Bewusstseinszustände. Die weiße Farbe des Schlafanzugs suggeriert wiederum Unschuld, was in einem starken Kontrast zu der aggressiven Haltung der Frau steht. Durch ihre ungewaschenen Haare macht sie einen ungepflegten, vernachlässigten Eindruck. Der Schweiß könnte Angstschweiß sein.

2.3.1.3 Horror Film: Der letzte Exorzismus 2

http://www.kinofans.com/Kino-News/Film-News/DER-LETZTE-EXORZISMUS-II-Neues-Filmplakat-E24649.htm
Zugriff: 04.03.2013 10:40 Uhr

Kontext:

Das Bild stammt aus dem Horrorfilm „Der letzte Exorzismus 2" vom Regisseur Ed Gass-Donnelly, der im Juni 2013 in die Kinos kommt. Der Film geht da weiter, wo der erste Teil aufhört. Die junge Frau Nell war im ersten Teil von einem Dämon besessen, der ihr ausgetrieben wurde. Im zweiten Teil wacht sie auf und kann sich an nichts erinnern. Sie arbeitet ihre Vergangenheit auf und beginnt ein neues Leben, wird jedoch erneut von dem Dämon heimgesucht.[23]

Formulierende Interpretation:
Vorikonographische Ebene:

Das schwarz-weiß Bild aus dem Film „Der letzte Exorzismus 2" zeigt eine Frau in einem weißen, recht tief ausgeschnittenen Kleid oder Nachthemd mit Rüschen vor einem weißen Hintergrund mit schwarzen Rissen, Flecken oder Schatten. Der Rücken der Frau ist unnatürlich weit nach hinten durchgebogen, sodass ihr Körper einen Bogen bildet. Ihre linke Hand hält sie auf ihrer Kehle, die rechte Hand vor dem Körper auf Bauchhöhe, wobei ihre Finger gespreizt sind.

Die Mimik der Frau ist nicht eindeutig fassbar. Sie hat den Mund weit geöffnet, als würde sie schreien. Ihre Augen sind leicht zusammengekniffen. Ihre Haare sind lang und offen und hängen nach hinten herunter.

---

23 http://www.gamona.de/kino-dvd/der-letzte-exorzismus-2:movie,2207776.html [11.04.2013, 12:50 Uhr].

Das Bild ist schwarz-weiß, wobei der Hintergrund, die Haut der Frau sowie ihr Kleid nicht leuchtend weiß sind, sondern ins Gräuliche tendieren. Um den Hals trägt die Frau eine Kette, die nach hinten gerutscht ist und über ihrem Kopf hängt, da sie sich so weit nach hinten lehnt. Durch die Belichtung ist nicht eindeutig auszumachen, ob auf ihrem Kleid, ihrer Haut und dem Hintergrund Schatten sind oder ob es sich um Schmutz handelt. Insgesamt vermittelt das Bild einen schmuddeligen, düsteren Eindruck. Die Kette um ihren Hals könnte ein Rosenkranz sein, da es sich um eine lange Kette aus dunklen Perlen handelt. An der Stelle, an der normalerweise das Kreuz hängen würde, ist jedoch das Bild zu Ende.

Ikonographische Elemente:

Die Kette der Frau ist sehr lang und besteht aus Perlen. Ob ein Anhänger an der Kette ist, kann nicht gesagt werden, jedoch erinnert die Kette stark an einen Rosenkranz. Dem Betrachter kommt gleich in den Sinn, dass die Körperhaltung der Frau nicht natürlich ist, da der Oberkörper stark nach hinten überdehnt ist.

Reflektierende Interpretation:

Formale Komposition:

Der Betrachter befindet sich auf Augenhöhe mit der Frau. Durch ihre bogenförmige Körperhaltung entstehen zwei Bildzentren. Betrachtet man das Bild, ist nicht klar, ob der Oberkörper mit ihrem verzerrten Gesicht oder der Unterkörper mit ihrer abgespreizten Hand im Zentrum liegen soll.

Ikonische Interpretation:

Der Mund der Frau ist weit aufgerissen und ihre Augen zusammengekniffen, außerdem ist ihr Körper stark durchgebogen, so dass es insgesamt so aussieht, als hätte die Frau starke Schmerzen. Durch den Hintergrund, der weiß mit dunklen Rissen und Flecken ist, und durch die Bearbeitung des Bildes, die das Weiß des Kleides grau und an einigen Stellen dunkel verfärbt erscheinen lässt, entsteht der Eindruck, das Kleid sei schmutzig. Das weiße Kleid symbolisiert Unschuld, während der „Dreck" die Beschmutzung der Unschuld symbolisiert.

2.3.1.4 Offizielle Seite von Warner Brothers zum Film „The Rite"

http://wwws.warnerbros.de/therite/exorcismclass/index.html
Zugriff: 04.03.2013 10:49 Uhr

Kontext:
Auf der Homepage von Warner Brothers zum Film „The Rite" ist eine Kategorie „Exorzismuskurs" zu finden, in der eine Reihe von Bildern gezeigt wird, die besessene Menschen zeigt. Mit Exorzismuskurs ist der Kurs gemeint, der in dem Buch „Die Schule der Exorzisten – Eine Reportage" von Matt Baglio beschrieben wird. Das Buch war Grundlage für den Film „The Rite". Woher die Bilder stammen, von wem sie aufgenommen wurden und wann und wo sie entstanden, wird nicht angegeben.[24]

Formulierende Interpretation:
Vorikonographische Ebene:
Auf dem Bild ist eine Person in einer sehr verdrehten Position zu sehen. Die Person ist wahrscheinlich weiblich, da sie lange Haare und einen schmalen Körperbau hat. Es ist allerdings nicht eindeutig festlegbar. Die Person liegt mit dem linken Bein Richtung Kamera weisend auf dem Boden. Ihr rechtes Bein ist nicht sichtbar. Ihr Oberkörper ist zur rechten Seite abgesunken, ihr Kopf ist um beinahe 180 Grad nach hinten gedreht und ihr Blick nach oben gerichtet.

Die Person trägt ein weißes Oberteil, Nachthemd oder Kleid, was ihre kompletten Beine entblößt. Die Kleidung, die Person sowie der Hintergrund sind sehr schmutzig. Das Gesicht der Person ist nicht beschmutzt und sehr weiß. Die Augen sind hellblau und es sind keine Pupillen zu sehen. Um die Augen herum ist die Haut violett verfärbt. Die Haare der Person sind lang, dunkelbraun bis schwarz, fettig und strähnig. Die Stirn der Person ist gerunzelt, der Mund leicht geöffnet. Es ist nicht eindeutig erkennbar, ob die Person lebendig oder tot ist, da ihre Position sehr unnatürlich ist und normalerweise jedem Menschen das Genick brechen würde, wenn der Kopf so weit gedreht ist.

Ikonographische Elemente:
Der Anblick der Person ist erschreckend, da sie verdreht daliegt und verwahrlost ist, sodass der Betrachter den Eindruck hat, sie könnte misshandelt worden sein. Kein Mensch könnte sich selber so zurichten. Durch die pupillenlosen unnatürlich leuchtenden Augen wird ein

---

[24] http://www.amazon.de/Die-Schule-Exorzisten-Eine-Reportage/dp/3867441200 [11.04.2013, 13:12 Uhr].

Effekt der Künstlichkeit erweckt, sodass der Betrachter sofort zweifelt, dass dieses Bild „echt" ist.

Reflektierende Interpretation:
Formale Komposition:
Das Bild ist überwiegend schwarz-weiß mit einem grün-blau Stich. Die Person befindet sich in der Mitte des Bildes, der Betrachter ist auf Augenhöhe mit ihr, sodass er direkt mit den pupillenlosen leuchtenden Augen konfrontiert wird.

Ikonische Interpretation:
Die Person ist alleine auf dem Bild und in einer schrecklichen Verfassung. Das Bild ist so aufgenommen, dass es Elend und Leid vermittelt. Die Person sieht in keinem Fall so aus, als würde sie sich in einer positiven Situation befinden, da ihr Körper verdreht und schmutzig ist. Im Hinblick auf die Tatsache, dass das Bild aus einem Archiv mit Bildern von „besessenen" Personen stammt, kann der Betrachter davon ausgehen, dass es sich auch bei dieser Person um eine Besessene handeln soll. Ihr verdrehter Körper und ihr „dämonischer Blick" sollen sich wahrscheinlich auch auf die Besessenheit zurückführen lassen.

2.3.1.5 Horrorfilm: The Rite – Das Ritual

http://insidethefear.blogspot.de/2011/03/how-to-make-bad-horror-movie-rite-of.html
Zugriff: 08.03.2013 12:32 Uhr

Kontext:
Das Bild stammt aus dem US-amerikanischen Horrorfilm „The Rite" aus dem Jahr 2011 von Regisseur Mikael Håfström. Der Film basiert auf dem Buch „Die Schule der Exorzisten: Eine Reportage von Matt Baglio". Der Film handelt von dem an seinem Glauben zweifelnden Seminaristen Michael, der in Rom dem erfahrenen Exorzisten Lukas vorgestellt wird. Die beiden führen gemeinsam einen Exorzismus durch. Der Teufel nimmt Besitz von Lukas, sodass Michael einen Exorzismus bei Lukas durchführen muss.[25]

Formulierende Interpretation:
Vorikonographische Ebene:
Das Bild zeigt eine junge Frau zwischen 18 und 28, die auf einem Bett sitzt und nach oben blickt. Das Bild ist von oben aufgenommen, zeigt die Frau also von oben herab. Der Raum ist recht dunkel und wird durch eine Lampe neben dem Bett beleuchtet.

---
25 http://de.wikipedia.org/wiki/The_Rite_%E2%80%93_Das_Ritual [11.04.2013, 13:17 Uhr].

Die junge Frau trägt ein blaues kurzes Kleidungsstück. Sie ist mit beiden Handgelenken an der Außenseite des Bettes gefesselt und hat sich aufgerichtet, soweit es ihr möglich ist. Ihr Gesicht ist wutverzerrt, ihr Mund ist geöffnet und sie hat ihre Zähne gebleckt. Ihre Augen sind geöffnet, der Blick nach oben gerichtet, der Betrachter weiß jedoch nicht, wohin sie blickt. Um die Augen herum ist die sonst sehr blasse Frau dunkel, als hätte sie sehr lange nicht mehr geschlafen. Ihre Haare sind dunkel und lockig und sehen etwas derangiert aus. Die Frau hat einen größeren Bauch, ist ansonsten aber sehr schlank.

Ikonographische Elemente:

Das Kleidungsstück der Frau erscheint wie ein Krankenhausnachthemd. Auch die Szene in dem Bett, das in einem sonst recht kargen Raum steht, erinnert an ein Krankenhauszimmer. Sie scheint schwanger zu sein, da sie einen größeren Bauch hat, ansonsten aber schlank ist. Dass sie gefesselt ist und einen aggressiv-wütenden Gesichtsausdruck hat, lässt darauf schließen, dass sie gegen ihren Willen an dem Ort festgehalten wird, der an eine psychiatrische Klinik oder ein Gefängniskrankenhaus erinnert.

Reflektierende Interpretation:

Formale Komposition:

Dadurch, dass das Bild von oben herab aufgenommen ist und die Frau sich wutentbrannt nach oben reckt, soweit ihre Fesseln es zulassen, entsteht dem Beobachter der Eindruck, dass die Frau den Beobachter anspringen will. Das gesamte Bild wirkt beängstigend und beklemmend, da die Frau gefesselt ist und man nicht sehen kann, wem oder was sie sich entgegenstreckt. Es entsteht die Assoziation eines wilden angeketteten Tiers.

Ikonische Interpretation:

Dass die Frau an ein Krankenhausbett gefesselt ist und sich mit wutverzerrten Blick nach oben reckt, lässt sich zunächst schlecht zuordnen. Da es in dem Film „The Rite" unter anderem um den Exorzismus an einer jungen schwangeren Frau geht und die Frau auf dem Bild augenscheinlich schwanger ist, scheint es sich um diese besessene Frau zu handeln. Der aggressive Gesichtsausdruck und die Fesseln lassen sich somit auf die Besessenheit der Frau zurückführen.

2.3.1.6 Horrorfilm: Der Exorzismus der Emma Evans

http://www.wewantmedia.de/filme/der-exorzismus-der-emma-evans-universum-film/
Zugriff: 04.032013 10:19 Uhr

Kontext:

Das Bild stammt aus dem Horrorfilm „Der Exorzismus der Emma Evans" von Regisseur Manuel Carballo aus dem Jahr 2012. Der Film handelt von der 15-jährigen Emma, die plötzlich unter Krämpfen leidet und den Drang hat, sich selber und Familienmitglieder zu verletzen. Emmas Eltern bringen sie zunächst zum Psychologen, schalten aber später einen Priester für einen Exorzismus ein, als die Symptome immer mehr auf unnatürliche Vorgänge hinweisen.[26]

Formulierende Interpretation:
Vorikonographische Ebene:

Auf dem Bild aus dem Film „Der Exorzismus von Emma Evans" ist eine weibliche Person zu sehen, die auf einem Stuhl sitzt, an den sie an den Handgelenken gefesselt ist. Es handelt sich um ein junges Mädchen. Sie sitzt relativ zentral im Bild und ist leicht nach rechts gedreht. Der Betrachter befindet sich auf Augenhöhe mit ihr. Das Bild wird von hellen Farben dominiert, da das Mädchen hellgrau gekleidet ist, sehr helles blondes Haar und sehr weiße Haut hat.

Das Mädchen ist leicht nach vorne gebeugt und hat den Mund geöffnet, sodass man ihre Zähne gut sehen kann, die gebleckt sind. Ihre Augen sind weit geöffnet und der Blick nach oben gerichtet. Ihre Pupillen sind jedoch nicht erkennbar, ihre Augen sehen komplett weiß aus. Ihre Haare, die in etwa bis zu den Schultern gehen, sind etwas durcheinander und hängen ihr ins Gesicht.

Ikonographische Elemente:

Durch die Handfesseln und die gebleckten Zähne erscheint die Frau auf dem Bild gefährlich, als müsste sie gefesselt werden, um andere Menschen nicht zu verletzten, oder als wäre sie ein wildes Tier, das angekettet sein muss. Die nicht vorhandenen Pupillen erwecken den Eindruck, dass etwas Unnatürliches im Gange ist. Das Sweatshirt, das sie trägt, ein grauer Kapuzenpullover mit schwarzer Aufschrift, sieht aus wie der eines Teenagers, sie scheint demnach noch recht jung zu sein. Die weiße Haut und die tiefen Augenringe lassen sie ungesund und übermüdet erscheinen.

---

26 http://www.filmstarts.de/kritiken/182941.html [11.04.2013, 13:26 Uhr].

Reflektierende Interpretation:
Formale Komposition:
Das Mädchen ist zentral im Bild und der Hintergrund unscharf, sodass der Fokus des Bildes auf ihr liegt. Dass sie angekettet ist, lässt darauf schließen, dass sie gegen ihren Willen festgehalten wird. Im Hintergrund erkennt man eine rote Tapete, einen weißen Vorhang und ein schwarzes Tischchen, also Wohnzimmereinrichtung. Das Mädchen wird also in einem Wohnzimmer festgehalten, ein ungewöhnlicher Ort, um jemanden an einen Stuhl zu fesseln.

Ikonische Interpretation:
Da das Bild die Person Emma Evans aus dem Film „Der Exorzismus von Emma Evans" zeigt, kann angenommen werden, dass das Mädchen auf dem Bild besessen ist. Ihre Kleidung, die eines Teenagers, und ihr auch sonst schulmädchenhaftes Erscheinungsbild stehen im Kontrast zu ihrem aggressiven Gesichtsausdruck. Durch die nicht vorhandenen Pupillen wird der Eindruck erweckt, dass etwas nicht Natürliches in Emma vor sich geht. Durch ihre Haare, die nicht gekämmt sind, erscheint sie durcheinander.

2.3.2 Fotografien mit künstlerischem Anspruch

2.3.2.1 „Horror Scene of a Possessed Woman Crawling and Screaming through Woods"

http://www.shutterstock.com/pic-76393900/stock-photo-horror-scene-of-a-possessed-woman-crawling-and-screaming-through-woods.html
Zugriff: 05.03.2013 09:33 Uhr

Kontext:
Das Bild stammt aus dem Portfolio des Fotografen Jeff Thrower und soll ein Horrorszenario darstellen. In seiner Sammlung hat Jeff Thrower mehrere Bilder, auf denen Horrorszenarien gestellt wurden.

Formulierende Interpretation:
Vorikonographische Ebene:
Das Bild zeigt eine Frau, die auf allen Vieren durch den Wald kriecht. Das Bild ist schwarz-weiß, wobei der Vordergrund (in dem viel Laub auf dem Boden liegt) dunkler ist als der Hintergrund (auf dem sehr hell belichtete Bäume zu erkennen sind). Die Frau ist nicht ganz in der Mitte des Bildes, sondern leicht nach links versetzt auf Augenhöhe des Betrachters, so als würde sie genau auf ihn zukriechen.

Die Frau trägt eine weiße Bluse, die sich stark vom eher dunklen Rest des Bildes abhebt. Ihr Kopf ist nach vorne gerichtet. Es ist jedoch nicht zu erkennen, wohin sie blickt, da ihre Augen zusammengekniffen sind. Ihre Augen und die Augenhöhlen sind sehr dunkel, beinahe komplett schwarz. Ihr Mund ist weit aufgerissen und dominiert ihr Gesicht. Die Zähne sind sichtbar, das innere des Mundes ist komplett schwarz. Die Frau hat sehr weiße Haut und Narben im Gesicht. Ihre Mundwinkel scheinen eingerissen. Die Haare sind dunkel, schulterlang und leicht strähnig und hängen ihr teilweise vor den Augen. Ihr rechter Arm ist vor ihr auf dem Boden, der Linke weiter hinten.

Ikonographische Elemente:

Die Körperhaltung der Frau wirkt sehr animalisch, da sie gebückt auf allen Vieren kriecht und dabei ihre Arme sehr weit auseinander nimmt, etwa wie eine Raubkatze. Ihre Augen und ihr Mund wirken im Kontrast zur weißen Bluse besonders dunkel, beinahe wie drei schwarze Löcher, die den Betrachter verschlingen wollen. Dass es sich um eine weibliche Person handelt, kann man eigentlich nur an der Kleidung und der Frisur erkennen, da weder Körperhaltung noch Gesichtszüge weiblich wirken. Die Schatten, die die Blätter der Bäume auf die Arme der Frau werfen, erscheinen wie Dreck.

Reflektierende Interpretation:

Formale Komposition:

Die Frau passt farblich und auch von der durch die Schatten hervorgerufene Musterung gut in ihr Umfeld. Jedoch wirkt sie durch ihre Körperhaltung und -position nicht menschlich, sondern wie ein wildes Tier im Wald. Im Kontrast zu diesem Bild steht jedoch ihre weiße Kleidung.

Ikonische Interpretation:

Die unterwürfige animalische Position der Frau wird durch die Kameraperspektive, die leicht von oben herab fotografiert, verstärkt. Dass etwas Düsteres am Werk ist, wird durch die dunklen Augen und den unnatürlich weit aufgerissenen Mund dargestellt, der wie ein schwarzes Loch erscheint. Die weiße Kleidung der Frau steht im starken Kontrast zur umliegenden Umgebung und symbolisiert Reinheit, die jedoch durch die dunklen, fleckigen Schatten auf der Haut der Frau „beschmutzt" wird. Dass die Frau genau auf den Betrachter zu kriecht, wirkt, verstärkt durch den aufgerissenen schwarzen Mund, bedrohlich.

2.3.2.2 „Horror Scene of a Woman Possessed holding a doll sitting in a chair"

http://www.shutterstock.com/pic-84514081/stock-photo-horror-scene-of-a-woman-possessed-holding-a-doll-sitting-in-a-chair.html

Zugriff: 06.03.2013 09:35 Uhr

Kontext:

Das Bild stammt aus dem Portfolio des Fotografen Jeff Thrower und soll ein Horrorszenario darstellen. In seiner Sammlung hat Jeff Thrower mehrere Bilder, auf denen Horrorszenarien gestellt wurden.

Formulierende Interpretation:

Vorikonographische Ebene:

Das Foto einer „besessenen Frau" zeigt eine Frau, die in einem Korbsessel sitzt und eine auf dem Boden liegende Puppe an der Hand hält. Die Frau sitzt am linken Rand des Bildes, ihr Körper ist nach rechts ausgerichtet, ihr Blick jedoch zum Betrachter gerichtet. Im Bild dominieren die Farben schwarz und weiß, allein die Haut der Frau und der Puppe sind Hautfarben und die Kleidung der Puppe leicht grünlich. Der Betrachter befindet sich fast auf Augenhöhe mit der Frau, blickt jedoch leicht zu ihr auf.

Die Frau trägt ein weißes kurzes Kleid, das sich farblich vom dunklen Boden, dem dunklen Hintergrund und dem schwarzen Schatten der Frau an der dreckigen weißen Bretterwand abhebt. Die Arme, Beine und Füße der Frau, auf denen viele Adern erkennbar sind, sind entblößt. Vom Gesicht der Frau ist nicht viel erkennbar, da ihre dunklen, struppigen und strähnigen langen Haare ihr im Gesicht hängen. Erkennbar ist nur ihre sehr weiße Gesichtsfarbe, die dunklen Ringe um ihre Augen und ihr weit geöffneter, dunkel umrandeter Mund. Das Innere ihres Mundes leuchtet leicht rötlich.

Ihre Körperhaltung ist sehr eingesunken. Sie liegt nach hinten gelehnt im Sessel, ihre Beine sind nach innen eingeklappt und ihre Arme hängen runter. Die Hand, die die Puppe hält, hängt auch nach unten. Nur der Kopf ist aufgerichtet. Auch die Haltung der Puppe ist nach unten hängend und leicht verdreht. Sie hat nur wenige Haare, Drähte kommen aus ihrem Kopf und ihr Mund und ihre Augen sind schwarz wie die der Frau. Ein Arm der Puppe ist gar nicht erkennbar.

Ikonographische Elemente:

Durch die eingesunkene Körperhaltung wirkt die Frau kraftlos und resigniert. Im Gegensatz dazu wirken der Kopf und das Gesicht angespannt, verzerrt. Dass man das Gesicht nicht richtig erkennen kann, wirkt beängstigend. Der dunkle Mund mit dem leicht geröteten Inneren lässt an Blut denken. Der Gesichtsausdruck der Frau ist eher animalisch als menschlich, da sie den Mund aufreißt und ihre Zähne zeigt. Die Frau wirkt verwahrlost und nicht besonders weiblich, würde sie nicht ein Kleid tragen. Die kaputte Puppe erweckt einen trostlosen Eindruck und steht als Symbol für kindliche Unschuld in einem starken Kontrast zu dem beängstigenden Bild.

Reflektierende Interpretation:
Formale Komposition:
Der Betrachter blickt von weiter weg auf die sitzende Frau, die gerade noch im Licht, kurz vor Beginn eines dunklen Schattens, sitzt. Mit dem Körper ist die Frau in Richtung des Schatten gedreht, so als würde sie sich Richtung Dunkelheit orientieren. Ihr Kopf ist jedoch zum Betrachter gewandt, und die abweisende, aggressive Gestik ist gegen ihn gerichtet. Das Kleid der Frau ist leuchtend weiß und steht im starken Kontrast mit den restlichen Bildelementen.

Ikonische Interpretation:
Das ungepflegte Erscheinungsbild der Frau, sowie die weiße Gesichtsfarbe und die schwarzen Lippen erwecken Assoziationen von Krankheit und Tod. Die Farbe Schwarz, die Augen, Mund und Haare dominiert, sowie der schwarze Schatten hinter der Frau stellen eine bedrohliche Wirkung her. Die Puppe sowie das weiße Kleid sind Symbole der (kindlichen) Unschuld, wobei die Puppe kaputt wirkt und ebenfalls schwarze Augen hat. Die Unschuld ist hier also zerstört. Durch die eingesunkene Haltung und den aufgerissenen Mund hat die Frau eine Ausstrahlung wie eine fauchende Katze.

2.3.3 Gemälde / Kunst / Zeichnungen

2.3.3.1 „Meister der Wunder von Mariazell": Exorzismus, Großer Mariazeller Wunderaltar(Ausschnitt), ca. 1520

http://de.wikipedia.org/wiki/Meister_der_Wunder_von_Mariazell
Zugriff: 04.03.2013 11:52 Uhr

Kontext:
Die Abbildung stammt aus einem Wikipedia-Eintrag zum „Meister der Wunder von Mariazell". Der Künstler ist namentlich nicht bekannt. Der „Große Mariazeller Wunderaltar"

wurde zwischen 1519 und 1520 fertiggestellt und zeigt 47 Darstellungen von Wundern, die der Gottesmutter im mariazeller Wallfahrtsort zugeschrieben werden.[27]

Formulierende Interpretation:
Vorikonographische Ebene:
Auf dem Ausschnitt des Gemäldes „Großer Mariazeller Wunderaltar" sind sechs Personen zu sehen. Im Mittelpunkt des Bildes, zwischen den beiden Säulen, befinden sich drei Personen, i. e. zwei Männer und eine Frau. Die Frau in der Mitte der beiden Männer sitzt auf dem Boden und wird hinten von einem Mann festgehalten und gestützt. Die Frau trägt ein langes rot-orangenes Kleid und hat lange dunkelblonde offene Haare. Ihr Blick ist nach oben gerichtet, in den Augen sind keine Pupillen erkennbar. Aus ihrem geöffneten Mund fliegen kleine schwarze Wesen heraus, die in etwa die Gestalt eines Phönix haben. Rechts von ihr steht ein Mann in einer schwarzen weiten Kutte, aus der nur der Kopf und die Hände herausschauen. Sein Gesicht sieht wütend aus, da er die Augenbrauen nach unten gezogen, den Mund leicht geöffnet und die Mundwinkel nach unten gezogen hat. Mit der rechten Hand zeigt er auf die Frau, mit der Linken hält er einen Gegenstand, der aussieht wie eine große Zange, die um den Hals der Frau gelegt ist.

Der Mann hinter der Frau, der sie festhält, trägt eine gelbe Hose und ein weißes Hemd. Sein Gesicht sieht bekümmert aus, da er eine Falte zwischen den Augen hat und der Mund leicht nach unten gezogen ist.

Vor diesen drei Personen liegen drei weitere Personen auf dem Boden. Ein Mann, eine Frau und ein nacktes Kind. Alle drei scheinen tot zu sein, da sie auf dem Boden liegen, die Frau und das Kind lange blutige Schnittwunden haben und ihre Augen geschlossen und ihre Münder geöffnet sind. Auf dem Boden vor dem Kind sind Blutflecken und ein kleines Schwert.

Der Betrachter befindet sich auf Augenhöhe mit dem Mann im schwarzen Gewand und blickt auf die Toten und die Frau, der schwarze Wesen aus dem Mund kommen, herab. Das Bild wirkt nicht besonders düster, da die Personen, bis auf dem Mann in Schwarz, alle sehr farbenfroh gekleidet sind.

Ikonographische Elemente:
Die drei Personen befinden sich wahrscheinlich in einer Kirche, da sie in einem Steingebäude unter einem Säulenbogen stehen und an der Wand ein Abbild der Mutter Gottes hängt. Die in

---

27 http://de.wikipedia.org/wiki/Meister_der_Wunder_von_Mariazell [11.04.2013, 15:08 Uhr].

schwarz gekleidete Person ist demnach ein Pfarrer. Die Kleidung ist zeittypisch und bürgerlich, sie sieht gepflegt jedoch nicht besonders aufwendig aus.

Es scheint, als sei die Frau in der Mitte von den dunklen Wesen besessen und als sei der Mann in Schwarz, wahrscheinlich ein Pfarrer oder Priester, dabei, ihr diese auszutreiben.

Es liegt nahe, dass die Frau die anderen Personen getötet hat, da sie festgehalten wird und der Priester mit dem rechten Zeigefinger auf sie zeigt, als wolle er sie anschuldigen, und dabei das Gesicht wütend verzieht.

Reflektierende Interpretation:
Formale Komposition:
Die drei Personen, die stehen, sind im Zentrum des Bildes, wobei ein starkes Gefälle vom Pfarrer zu den anderen beiden Personen besteht, da er aufrecht steht und von oben herab auf die Frau zeigt, die in den Armen des anderen Mannes liegt. Dieser ist unter ihrem Gewicht leicht nach vorne gebeugt und steht somit auch „unter" dem Pfarrer. Der Pfarrer scheint somit größer und mächtiger als die anderen Personen. Die Leichen liegen noch unter der Frau, die eine Verbindung darstellt zwischen den Leichen und den schwarzen Gestalten, die aus ihrem Mund emporsteigen. Das Bild der Mutter Gottes hängt über dem Pfarrer und blickt in dieselbe Richtung wie er, also von oben herab auf die am Boden liegende Frau.

Ikonische Interpretation:
Durch den Priester, der über der Frau und den anderen Personen steht, wird ein Machtverhältnis von der Kirche über „das Böse" ausgedrückt, das durch die Frau dargestellt wird. Die dunklen Gestalten, die aus dem Mund der Frau kommen, verkörpern „das Böse", das durch Einwirken des Pfarrers aus ihr austritt. Der Gesichtsausdruck der Frau und ihre Gestik – machtlos und erschrocken – verraten, dass sie nicht weiß, wie ihr geschieht. Sie ist von etwas übermannt worden. Sie ist machtlos. Der Priester geht sehr energisch vor, indem er ihren Kopf mit einer Zange fixiert und dem Bösen befiehlt, aus der Frau zu treten.

2.3.3.2 Zeichnung aus einem Artikel zu Exorzismus in Ägypten

http://www.scoopempire.com/post/2012/08/28/The-Exorcism.aspx
Zugriff: 05.03.2013 09:28 Uhr

Kontext:
Die Zeichnung stammt aus einem Artikel über Exorzismus in Ägypten von dem ägyptischen Blog www.scoopempire.com. Der Beitrag ist von Sarah Adel geschrieben, einer Frau, die in Ägypten aufgewachsen ist. Sie behandelt das Thema Sexismus in Ägypten und vergleicht die Vorurteile und das Festhalten an der unterschiedlichen Behandlung von Mann und Frau in Ägypten mit der Besessenheit durch Dämonen oder den Teufel.[28] Zu der Zeichnung sind keine weiteren Angaben gemacht.

Formulierende Interpretation:
Vorikonographische Ebene:
Auf der schwarz-weißen Zeichnung liegt eine Frau auf dem Rücken auf einem Bett und bäumt sich nach oben hin auf. Sie trägt ein T-Shirt, das nach oben geschoben ist, sodass man ihren Bauch und ihre Rippen sehen kann. Untenrum scheint sie nichts zu tragen, ist jedoch mit einem Laken oder einer Decke bedeckt. Ihr linker Arm ist nach hinten gestreckt, der rechte ruht neben ihr auf dem Bett. Ihr Kopf ist auf dem Schädeldach aufgelegt, so dass ihr Blick komplett nach hinten gerichtet ist. Ihre Augen sind offen und blicken hinter sie, auch ihr Mund ist leicht geöffnet. Sie hat langes offenes Haar.

Über der Frau ist ein Gebilde, das aussieht wie eine Mischung aus Flammen, Rauch und wellenähnlichen Schnörkeln, in dessen Mitte ein Gesicht ist. Es ist nicht deutlich, ob es sich hierbei um einen Mann oder eine Frau handelt. Das Gesicht hat den Mund weit geöffnet, als würde es schreien. Es sieht so aus, als würde das gesamte Gebilde aus dem Bauch der Frau kommen, da es genau darüber ist und die Rauch-Flammen dort entspringen.

In der linken Ecke, neben dem Kopf der Frau, steht eine Person hinter dem Flammen-Rauch-Gebilde. Man sieht nur einen Arm und den Anfang des Beins. In der Hand hält die Person einen Rosenkranz mit einem großen Kreuz. Soweit es erkennbar ist, trägt die Person einen schwarzen Anzug mit einem weißen Hemd darunter.

---

28 http://www.scoopempire.com/post/2012/08/28/The-Exorcism.aspx [05.03.2013 09:28 Uhr].

Ikonographische Elemente:

Bei der Person im Hintergrund handelt es sich um einen Geistlichen, der einen Anzug trägt und ein Kreuz in der Hand hält. Da die Frau sich auf dem Bett wälzt und ihre Augen ins Leere starren, scheint sie geistig abwesend zu sein.

Reflektierende Interpretation:

Formale Komposition:

Die Frau liegt im Zentrum des Bildes und ist umgeben von Rauch und verschnörkelten Wellen, die von einem Kopf ausgehen, der über ihr schwebt. Die „Geister" scheinen aus ihrem Bauch und ihrer Brust zu kommen und sehen aus wie ein Feuer, das über ihr brennt. Da sie ihren Oberkörper nach oben wölbt, scheint es, als würde sie gegen die „Geister" ankämpfen.

Dadurch, dass man von dem Priester nur seine Hand mit dem Kreuz sieht, scheint seine Persönlichkeit unwichtig und vielmehr die Funktion wichtig zu sein.

Ikonische Interpretation:

Die Frau, die sich leicht bekleidet auf dem Bett räkelt, hat etwas erotisch und zugleich hilfloses an sich, da sie ihre Augen aufgerissen hat und ins Leere starrt. Dass sie sich mit Brust und Bauch aufbäumt, erweckt den Anschein, als würde sie mit dem Geist kämpfen, der aus ihrem Bauch emporsteigt. Der Geist wirkt durch seinen weit aufgerissenen Mund und seine schwarzen Augen bösartig.

2.3.3.3 Zwei Gemälde: Exorzismus

Erstes Gemälde:
http://www.geisternews.de/index.php?id=97&topic=Frau%20durch%20Exorzismus%20get%F6tet
Zugriff: 04.03.2013 10:17 Uhr

Zweites Gemälde:
http://www.geisternews.de/index.php?id=338
Zugriff: 04.03.2013 10:22 Uhr

Kontext:

Beide Gemäldeabbildungen stammen von der Seite www.geisternews.de. Auf der Seite wird nicht angegeben, von wann die Gemälde sind, wer sie gemalt hat und wer abgebildet ist. Der

Eintrag, aus dem das erste Gemälde stammt, ist vom 18.12.2008 und trägt die Überschrift „Frau durch Exorzismus getötet – mit glühenden Eisen gebrandmarkt". Der hier beschriebene Exorzismus fand in Indien statt, wobei in Sri Ganganagar eine 35 jährige Frau getötet wurde[29]. Der Eintrag, aus dem die Abbildung des zweiten Gemälde stammt, hat den Titel „Polen eröffnet Exorzismuszentrum". Hier ist zu lesen, dass die katholische Kirche ein Exorzismuszentrum in dem Dorf Poczernin eröffnet hat, in dem 50 hauptberufliche Exorzisten arbeiten[30].

Formulierende Interpretation:
Vorikonographische Ebene:
Auf dem Gemälde sind zwei männliche Personen im Vordergrund und einige andere Gestalten im Hintergrund zu sehen. Das Bild ist in mehrere Bereiche eingeteilt. Der rechte Teil des Bildes ist sehr dunkel, fast komplett schwarz, und auch die Person, die dort steht, ist schwarz gekleidet. Der Bereich der anderen Person ist hell, weiß bis grau. Die andere Person, ein Mann, ist unbekleidet und liegt auf einem Bett mit weißen Laken, die ihn teilweise verdecken. Perspektivisch befindet sich der Betrachter auf einer Ebene mit den beiden Personen.

Die linke, helle Person liegt mit geschlossenen Augen auf dem Bett und hat den Mund leicht geöffnet. Sie ist recht schlank, so dass man die Rippen erkennen kann. Um die Augen herum hat sie dunkle Ringe. Die Haut des Mannes ist sehr weiß und hat einen leichten Gelbstich.

Über dem liegenden Mann sind drei Gestalten, die sehr dunkel dargestellt sind. Die Farben Schwarz und Rot dominieren hier. Die eine Gestalt hat schwarze Flügel, weiß leuchtende Augen und sehr viele spitze Zähne und ähnelt einem Drachen. Die zweite Gestalt hat eine menschliche Statur, jedoch grünliche Haut, spitze Zähne und eine gebückte Haltung. Von der letzten Gestalt ist nicht viel zu erkennen, außer dass sie sehr groß ist, einen echsenartigen Kopf und sehr große leuchtend gelbe Augen hat.

Der Hintergrund über dem Mann in Schwarz hingegen ist hell. Um seinen Kopf ist ein heller Lichtschein. Sein Blick ist konzentriert auf den anderen Mann gerichtet und seine beiden Arme sind gehoben. Die linke Hand ist geöffnet, die Finger weisen nach oben. Die rechte Hand hält ein großes Jesuskreuz. Vom Kreuz geht ein roter Strahl in Richtung der drei Gestalten aus, der diese komplett umhüllt.

---

29 http://www.geisternews.de/index.php?id=97&topic=Frau%20durch%20Exorzismus%20get%F6tet [04.03.2013 10:17 Uhr].
30 http://www.geisternews.de/index.php?id=338 [04.03.2013 10:22 Uhr].

Ikonographische Elemente:

Der Mann mit dem schwarzen Gewand und dem Kreuz in der Hand ist ein christlicher Geistlicher, der den Mann auf dem Bett zu heilen versucht. Der Mann auf dem Bett ist in keiner guten körperlichen und geistigen Verfassung, was man an seiner weißen Haut, seinem ohnmächtigen Gesichtsausdruck (offener Mund und geschlossene Augen) sowie seiner schlaffen Körperhaltung sehen kann. Der Geistliche weist mit dem Kreuz und seiner hochgehaltenen Hand in Richtung des Mannes sowie der Kreaturen, die hinter ihm sitzen, als wolle er diese abwehren.

Reflektierende Interpretation:
Formale Komposition:

Die Gemälde bestehen aus zwei Teilen. Auf der einen Seite ist jeweils der leidende Mann auf dem Bett zu sehen, der eine Einheit mit den Gestalten über ihm bildet, da sie sehr nah über ihm an seinem Kopf sitzen. Auch farblich ist eine Einheit gegeben, im ersten Gemälde dominieren Grautöne, im zweiten Bild schwarz-rote Farben. Der Geistliche bildet auf beiden Gemälden einen Gegenpol, da er vor einem anderen viel helleren Hintergrund steht, jedoch völlig schwarz gekleidet ist, was sich stark von der weißen Haut und dem weißen Laken des anderen Mannes abhebt. Das Bild ist somit überwiegend farblich in einen Teil mit hellem Vorder- und dunklem Hintergrund und einen Teil mit hellem Hinter- und dunklem Vordergrund aufgeteilt. Hierdurch wird die Differenz zwischen den beiden „Welten", der des Geistlichen und der der Kreaturen, besonders verdeutlicht. Der Mann liegt unter dem Geistlichen und den Kreaturen und der Geistliche wiederum ist über den Kreaturen und wirkt von oben herab auf den Mann ein.

Ikonische Interpretation:

Durch die Farbwahl entstehen also zwei „Welten", die dämonische und die geistliche Welt, die in den vorliegenden Gemälden aufeinandertreffen. Der Mann auf dem Bild leidet offensichtlich, da sein Körper geschwächt wirkt und er einen leidenden Gesichtsausdruck hat. Es geht eine Bedrohung von den Kreaturen neben ihm aus, die durch rote Augen, spitze Zähne und unmenschliche Gesichter eine gefährliche Ausstrahlung haben. Dass der Geistliche auf den leidenden Mann einwirkt, wird durch rote Strahlen, beziehungsweise Tropfen, verdeutlicht. Dass der Geistliche seine gesamte Kraft einsetzt, wird deutlich, da er angespannt ist und beide Hände erhoben hat, als wolle er damit auf die Kreaturen und den Mann Einfluss nehmen. Der Geistliche besitzt also anscheinend die Kraft, auf die „andere Welt" einzuwirken und der Bedrohung der Wesen entgegenzuwirken.

2.3.3.5 Exorzismuskarikatur

http://wolkenkuckuck.blogspot.de/2012/05/exorzismus.html
Zugriff: 04.03.2013 10:36 Uhr

Kontext:
Die Karikatur stammt von einem Blog mit dem Namen „Wolkenkuckucksheim" und ist unter einem Eintrag vom 22.05.2012 zu finden. Die Karikatur ist von der Geschichtsstudentin Julia Marzoner zum Thema Exorzismus angefertigt worden, inspiriert von einer Vorlesung über Psychiatriegeschichte.

Formulierende Interpretation:
Vorikonographische Ebene:
Die Karikatur zeigt eine stehende und eine kniende Person, beides Männer. Die kniende Person ist schräg von hinten zu sehen. Sie blickt zu dem anderen Mann auf und hat beide Arme erhoben. Sie trägt nur eine Hose und hat einen freien Oberkörper, aus dem ein schwarzer Geist kommt, der ein trauriges Gesicht hat, da seine Mundwinkel und seine Augen außen nach unten weisen. Der kniende Mann ist ganz weiß und hat schwarze Haare. Sein Mund ist geöffnet, seine Augen ebenso. Um die Augen herum ist er schwarz.
Der stehende Mann ist von einem gezackten Rahmen umgeben, der aussieht wie ein Licht oder eine Art Wolke. Er trägt ein schwarzes Gewand mit einem Kreuz darauf. Um seinen Hals trägt er ebenfalls ein Kreuz. Sein Gesicht ist wutverzerrt, da seine Augenbrauen in der Mitte und seine Mundwinkel außen nach unten zeigen, während man seine Zähne sieht. Sein linker Arm ist nach hinten gezogen und seine Faust geballt, so als würde er boxen wollen. Sein rechter Arm ist nach vorne gerichtet und hält ein großes Kreuz direkt über das Gesicht des anderen Mannes.
Ikonographische Elemente:
Der stehende Mann ist ein christlicher Geistlicher, da er eine Art geistliches Gewand sowie mehrere Kreuze trägt. Der kniende Mann hat Angst und ist in einer ergebenen Position, da er kniet und seine Arme erhebt, während der Geistliche in einer Machtposition ist und auf den anderen Mann einwirkt. Dieser hat etwas Dunkles in sich, was in Form eines schwarzen Geistes aus seiner Brust austritt, da der Geistliche mit dem Kreuz auf diesen Geist Einfluss ausübt.

Reflektierende Interpretation:
Formale Komposition:
Der Geistliche und seine gezackte Umrahmung nehmen den größten Teil der Zeichnung ein. Der kniende Mann und der Geist über ihm sind am linken Rand der Zeichnung und nehmen nur einen Bruchteil des Bildes ein. Der Mann weicht außerdem vor dem Geistlichen und der „Aura" um ihn zurück, als wolle er sich noch kleiner machen. Der Geistliche steht über dem knienden Mann, steht breitbeinig und breitet die Arme aus, wodurch er noch größer erscheint.

Ikonische Interpretation:
Die Szene sieht so aus, als würde ein Kampf stattfinden. Der stehende Mann holt zum Schlag aus und richtet seine Waffe (das Kreuz) auf den anderen Mann. Der am Boden sitzende Mann blickt zum anderen auf und erhebt die Arme, als wolle er sich ergeben. Durch die „Lichtwolke" sieht der stehende Mann mächtiger aus, während der traurige Geist, der aus dem anderen Mann kommt, schwach wirkt.

2.3.3.6 Bild eines Fastentuchs aus einem heute.at Artikel: *122 neue Exorzisten für katholische Kirche*

http://www.heute.at/news/welt/122-neue-Exorzisten-fuer-katholische-Kirche;art414,461590
Zugriff: 08.03.2013 15:16 Uhr

Kontext:
Das Bild zeigt einen Ausschnitt eines Fastentuchs aus dem Gurker Dom aus dem Jahre 1458, auf dem Jesus einen Exorzismus durchführt. Maler des Bildes ist Meister Konrad von Friesach. Der Artikel berichtet von der hohen Ausbildungszahl von Exorzisten durch die katholische Kirche. Der Bischof Paprocki, der den Lehrgang durchführte, erklärte, dass die meisten Menschen, die einen Exorzisten aufsuchen, nicht glauben besessen zu sein, sondern lediglich Angst davor haben. Er betonte, dass Exorzismen im Normalfall „weniger dramatisch vor sich gehen, als in Horrorfilmen gezeigt wird".[31]

Formulierende Interpretation:
Vorikonographische Ebene:
Das Gemälde zeigt drei männliche Personen, die vor einem grau-grünen Hintergrund stehen. Rechts stehen zwei Personen zusammen. Die Person ganz außen hält die andere Person von

---
31 http://www.heute.at/news/welt/122-neue-Exorzisten-fuer-katholische-Kirche;art414,461590 [08.03.2013 15:16 Uhr].

hinten fest. Der Betrachter befindet sich auf Augenhöhe mit den drei Personen, die zwar zueinander gucken, jedoch zum Betrachter gedreht sind.

Die Person die festgehalten wird, trägt eine braune Kutte oder einen braunen Mantel. Der Mann hat die Hände wie zum Gebet zusammengelegt. Die Hände sind mit etwas Weißsilbernem zusammengebunden. Der Mann hat den Kopf nach hinten gelegt und die Augen nach gerichtet. Obwohl die Augen weit geöffnet sind, sind keine Pupillen erkennbar. Die Augen sind vollkommen weiß. Das Gesicht des Mannes ist sehr weiß, seine Haare nach hinten gekämmt und sehr dünn. Sein Mund ist geöffnet, die Mundwinkel zeigen nach unten und aus seinem Mund kommt eine Gestalt mit langen Krallen, einem Schwanz, Hörnern auf dem Kopf und einem großen Mund, dessen Mundwinkel nach unten zeigen. Die Gestalt blickt auf den Mann herab und hat die Arme weit ausgebreitet.

Der Mann, der den anderen Mann festhält, trägt ein leuchtend rot-oranges Gewand und hat blonde Haare. Er hat den Mund geschlossen und blickt zum dritten Mann herüber.

Der dritte Mann, der links im Bild steht, trägt ein grünes Gewand. Er hat schulterlange Haare und einen Bart. Sein Blick sowie sein linker Zeigefinger sind auf das Wesen, das aus dem Mund des ersten Mannes kommt, gerichtet. Um seinen Kopf ist ein gelb-orange gestreifter Kreis, in seiner Hand ein oranges Buch.

Ikonographische Elemente:

Aufgrund der Darstellung mit Heiligenschein, schlichter Kleidung und langem Bart kann darauf geschlossen werden, dass es sich bei der linken Person um Jesus handelt. Die linke der beiden rechten Personen trägt etwas Bösartiges in sich, nämlich die schwarze Geistgestalt, die aus seinem Mund tritt. Bei dem Geist handelt es sich um den Teufel oder einen Dämon, der mit Hörnern und einem Schwanz, sowie Klauen statt Händen und Füßen dargestellt wird.

Reflektierende Interpretation:

Formale Komposition:

Jesus nimmt die linke Bildhälfte ein, der besessene Mann, der Mann, der ihn hält, und der Teufel die rechte Bildhälfte. Dadurch, dass der besessene Mann nach hinten zurückgelehnt ist und die Hände gefesselt hat, wirkt er machtlos, während der Teufel, der über ihm schwebt und die Arme ausgebreitet hat, bedrohlich wirkt. Jesus steht gerade und fest da und zeigt mit seinem Finger auf den Teufel. Dadurch, dass er den meisten Raum im Bild einnimmt, ruhig und fest dasteht und mit dem Finger auf den Teufel weist, ohne Angst zu zeigen, erscheint er in einer Machtposition. Farblich wird die dunkel gekleidete besessene Person von Jesus und der anderen Person, die ihn hält, eingerahmt, da beide etwas Oranges tragen: der andere Mann ein oranges Gewand und Jesus ein oranges Buch und seinen gelb-orangen Heiligenschein.

Ikonische Interpretation:
In dieser Darstellung spielen Machtverhältnisse eine wichtige Rolle. Der besessene Mann ist völlig machtlos und unterlegen. Er kann sich selber nicht mehr auf den Beinen halten und muss von einer anderen Person gestützt werden. Er sieht krank und schlapp und dennoch bedrohlich aus, durch seine ins Leere starrenden pupillenlosen Augen und seinen großen schwarzen Mund. Die Bedrohung geht jedoch nicht direkt von ihm aus, sondern von dem Teufel, der aus seinem Mund kommt und über ihm schwebt und ihn mit seinen langen Krallen bedroht. Die eigentliche Machtposition hat jedoch Jesus, der das Bild dominiert und Ruhe ausstrahlt. Er und die andere Person haben den besessenen Mann in ihre Mitte genommen und „fangen ihn auf".

2.3.4 Artikel und dokumentarische Bilder

2.3.4.1 Exorzismus von Annelise Michel

http://merz6blog.wordpress.com/2011/10/25/anneliese-michel-exorzismus-ohne-teufel/
Zugriff: 04.03.2013 14:36 Uhr

Kontext:
Das Foto stammt von einem Blog von einer Person namens Dominic Merz. Der Eintrag vom 25.10.2011 hat den Titel „Annelise Michel – Exorzismus ohne Teufel" und beschäftigt sich mit dem Tod von Annelise Michel im Jahr 1976. Annelise Michel starb an starker Unterernährung und litt an psychischen Problemen. Bei ihr wurde Epilepsie diagnostiziert, jedoch waren zwei katholische Priester davon überzeugt, sie sei vom Teufel besessen und führte infolge dessen einen Exorzismus bei ihr durch. Die Priester wurden nach Annelises Tod wegen fahrlässiger Tötung angeklagt. Auch der Blogger geht davon aus, das Annelise an Epilepsie litt und nicht etwa vom Teufel besessen war. Das Datum der Bildaufnahme sowie der Fotograf sind auf der Seite nicht festgehalten worden.[32]

---

32 http://merz6blog.wordpress.com/2011/10/25/anneliese-michel-exorzismus-ohne-teufel/ [04.03.2013 14:36 Uhr].

Formulierende Interpretation:

Vorikonographische Ebene:

Das Foto zeigt Annelise Michel und wurde Mitte der 1970er Jahre aufgenommen. Annelise liegt mit dem Kopf auf einem geblümten Kissen und trägt ein Oberteil mit Blumen darauf. Das Bild ist schwarz-weiß und von oben aufgenommen. Annelise blickt nicht in die Kamera, sondern nach rechts, wobei ihre Augen halb geschlossen sind. Es ist unklar, wen oder was sie ansieht.

Das Mädchen hat dunkle, schulterlange Haare, die durcheinander wirken. Sie ist sehr dünn und ausgemergelt und hat sehr weiße Haut, die fast so hell ist wie ihr Kissen. Ihre Nase und ihre Knochen sehen sehr spitz aus. Ihr Mund ist geöffnet, so dass ihre Zähne sichtbar sind, die ungepflegt und spitz aussehen.

Annelise sieht kraftlos und unterernährt aus. Ihr körperlicher Zustand ist beängstigend, so dass man sich wundern muss, dass sie überhaupt noch lebt. Durch ihre halb geschlossenen Augen und den ins Unbestimmte gerichteten Blick wirkt sie benommen.

Ikonographische Elemente:

Dass Annelise auf dem Bild so abgemagert ist, zeigt, dass es ihr nicht gut geht, dass sie schwach und krank ist. Das gemusterte Kissen und ihr geblümtes Oberteil sehen nicht aus wie die gewöhnlicherweise meist einfarbig weiße Krankenhauskleidung und -bettwäsche, sondern wie private Sachen. Demnach befindet sich Annelise auf dem Foto nicht in einem Krankenhaus, sondern zu Hause.

Reflektierende Interpretation:

Formale Komposition:

Annelise ist im Zentrum des Bildes, außer ihr ist keine andere Person zu sehen. Ihre Kleidung und das Kopfkissen, das den Bildhintergrund darstellt, sind von Muster und Farbgebung her sehr ähnlich und unauffällig, so dass ihr Gesicht den einzigen Kontrast im Bild darstellt. Die weichen Blumenmuster von Kleidung und Kopfkissen stehen im starken Kontrast zu ihrem kantigen Gesicht. Das Bild ist von oben herab aufgenommen, wodurch Annelise, die ohnehin kraftlos wirkt, noch machtloser erscheint.

Ikonische Interpretation:

Das beängstigende Erscheinungsbild von Annelise steht in einem seltsamen Kontrast zu dem Blumenmuster des Kissens und Oberteils, Zeichen für Weiblichkeit und Kindlichkeit.

2.3.4.2 *Exorcism Columbia (Los Angeles Times Photography)*

http://framework.latimes.com/?attachment_id=32601
Zugriff: 04.03.2013 14:38 Uhr

Kontext:
Das Bild stammt von der Seite der Los Angeles Times aus der Rubrik „Fotografie". Der Fotograf ist Louis Robayo, ein kolumbianischer Fotojournalist. Das Bild ist in La Cumbre, Kolumbien, aufgenommen und zeigt „Bruder Hermes" (Hermes Cifuentes, 50) der einen Exorzismus bei einer Frau (Claudia Gaviria, 28) durchführt, die davon überzeugt ist, von Geistern besessen zu sein. Hermes Cifuentes führt seit 20 Jahren Exorzismen durch. Von wann das Foto stammt ist nicht angegeben.[33]

Formulierende Interpretation:
Vorikonographische Ebene:
Auf dem Bild sind das Gesicht der Frau sowie ein Teil ihres Oberkörpers sichtbar. Von „Bruder Hermes" sieht man nur einen Teil des Armes und eine Hand, die auf dem Kopf der Frau liegt, und einen Teil seines Unterkörpers sowie einen Teil seines Gesichts.
Der Mann und die Frau bilden einen starken farblichen Kontrast. Die Frau ist komplett schwarz, da sie mit dunklem Schlamm beschmiert ist und dunkle Haare hat, während „Bruder Hermes" komplett in weiß gekleidet ist. Nur seine Schuhe sind braun. Zwischen den beiden ist eine brennende Fackel sowie ein goldenes Kreuz zu sehen, dass vom Hals des Mannes herunterhängt.
Die Frau scheint in einem Loch oder einer Vertiefung zu sein, da sie noch unterhalb des Fußes von „Bruder Hermes" ist. Sie ist komplett dunkel, nur ihre weit geöffneten, nach oben gerichteten Augen leuchten weiß und ihr geöffneter Mund macht das rote Innere sowie ihre weißen Zähne sichtbar. Ihr linker Arm ist nach oben gerichtet und sie zeigt mit dem Finger in die Richtung von „Bruder Hermes". Ihre Haare sind lang, dunkel und strähnig und kleben teilweise an ihrem Gesicht.
„Bruder Hermes" hat sich nach unten gebeugt, um der Frau seine Hand auf den Kopf zu legen, und er scheint zu ihr zu sprechen. Außer seinem weißen Gewand trägt er eine grün-rot-weiße Kopfbedeckung.

---

33 http://framework.latimes.com/?attachment_id=32601 [4.03.2013 14:38 Uhr].

Ikonographische Elemente:

Der Gesichtsausdruck der Frau wirkt zornig und böse. Durch die gehobene Hand, die auf „Bruder Hermes" zeigt, wird der Eindruck erweckt, sie mache ihm Vorwürfe, würde ihn anschreien oder beschimpfen. „Bruder Hermes" hingegen wirkt, als würde er ihr gut zureden und sie beschwichtigen wollen.

„Bruder Hermes" macht in seinem weißen Gewand mit dem goldenen Kreuz einen reinen Eindruck, während die Frau mit all dem Schlamm beschmutzt aussieht. Durch die brennende Fackel wird optisch eine Barriere zwischen den beiden Personen erzeugt.

Reflektierende Interpretation:

Formale Komposition:

Das Bild wird durch die beiden Personen und deren Farben in zwei gleichgroße Bereiche aufgeteilt. Die Frau stellt mit ihren dunklen Haaren und ihrer mit schwarzem Schlamm beschmierten Haut und Kleidung den einen Bereich dar, der Mann, der komplett weiß gekleidet ist, stellt den anderen Bereich dar. Das Kreuz an der Kette sowie die brennende Fackel sind genau zwischen den beiden Personen und stellen eine räumliche Trennung dar. Bruder Hermes hat seine Hand auf die Stirn der Frau gelegt und somit eine Verbindung zu ihr aufgebaut. Sein Arm ist der einzige Körperteil, der über die „Barriere" aus Kreuz und Fackel hinausgeht. Der Betrachter befindet sich auf Augenhöhe mit der Frau, so dass er ihre Position unter „Bruder Hermes" einnimmt. Die Frau hat eine unterwürfige Position, da sie mit ihrem Kopf gerade einmal auf Kniehöhe des Mannes ist.

Ikonische Interpretation:

Die Frau ist in einer unterwürfigen Position Bruder Hermes gegenüber und ihre Körpersprache und Mimik ist voller Hass und Aggression. Dass sie vor ihm am Boden im Dreck ist und ihre Zähne „fletscht", lässt sie wie ein unterworfenes aggressives Tier erscheinen. Die Frau ist schmutzig, während Bruder Hermes komplett weiß gekleidet und „rein" ist. Diese Reinheit in Verbindung mit dem Kreuz lässt sich als Reinheit im religiösen Sinne deuten. Die Frau wäre somit im religiösen Sinne beschmutzt. Bruder Hermes hat seine Hand auf die Stirn der Frau gelegt. Eine Geste, die im religiösen Kontext zum Heilen oder Segnen verwendet wird. Er spricht beschwichtigend auf sie ein, wie wenn er mit einem wilden Tier sprechen würde, welches er zähmen will.

2.3.4.3 derstandard.at Artikel: *Von allen bösen Geistern besessen*

http://derstandard.at/1358305642727/Von-allen-boesen-Geistern-besessen
Zugriff 04.03.2013 14:03 Uhr

Kontext:

Das Foto stammt aus einem Online Artikel der österreichischen Zeitung „der Standard" mit dem Titel „Von allen bösen Geistern besessen". Der Artikel ist vom 05.02.2013 und das Foto wurde vom Journalisten Danish Siddiqui aufgenommen. Der Artikel berichtet von einem Ereignis, das einmal im Jahr in Maljapur in Indien stattfindet. Etwa zehntausend Menschen, die meisten von ihnen Frauen, sollen jährlich dorthin kommen, um sich von Geistern befreien zu lassen, die sie dazu bringen, Tiergeräusche von sich zu geben, zu schreien oder fremde Sprachen zu sprechen. An die 200 Hexer und Zauberer führen die Exorzismen durch. Der Aufenthalt in einem Tempel sowie Schläge sollen das Durchführen eines Exorzismus erleichtern. Bei wem es sich auf dem Foto handelt und wann es aufgenommen wurde, wird nicht angegeben.[34]

Formulierende Interpretation:

Vorikonographische Ebene:

Das Foto zeigt eine junge Frau, die sich die Augen zuhält und ihren Mund weit aufgerissen hat. Die Frau ist im mittleren Vordergrund des Bildes, der Blick des Betrachters ist leicht von oben herab auf die Frau gerichtet. Im Hintergrund sieht man einige Menschen, überwiegend Männer, die auf einer Straße stehen. Alle gucken nach rechts, nur ein Mann blickt zu der Frau. Das Bild ist recht dunkel, da es abends oder nachts aufgenommen ist.

Die Frau fällt besonders auf, da sie als einzige leuchtend orange Kleidung trägt, die sich stark vom dunklen Hintergrund abhebt. Außerdem ist sie im Gegensatz zu den Menschen im Hintergrund fokussiert. Sie scheint direkt vor dem Fotografen zu stehen. Durch die Perspektive von oben scheint es, als würde die Frau auf die Knie gehen und unter dem Fotografen sein. Man kann allerdings nur ihren Oberkörper sehen.

Die Frau hat dunkle Haare und dunkle Haut. Von ihrem Gesicht kann man nicht viel erkennen, da sie sich die Augen, die Nase und die Stirn mit ihrer Hand zuhält. Ihr Mund ist weit geöffnet, so dass man ihre Zähne sehen kann, die sehr weiß leuchten. Ihr Mund erscheint wie ein großes schwarzes Loch in ihrem Gesicht. Ihr linker Arm, mit dessen Hand sie auch ihre Augen zuhält, ist auf einer kleinen Mauer aufgestützt.

---

34 http://derstandard.at/1358305642727/Von-allen-boesen-Geistern-besessen [04.03.2013 14:03 Uhr].

Ikonographische Elemente:

Da die Personen auf dem Bild exotische Kleidung tragen (Sari, Turban) und dunkle Haare, sowie dunkle Hautfarbe haben, muss es sich bei ihnen um Inder oder Menschen aus einem angrenzenden Land handeln. Es befinden sich viele Menschen auf der Straße, die herumstehen oder laufen. Es kann also angenommen werden, dass gerade etwas in der Nähe geschieht, woran sie teilhaben oder das sie beobachten wollen. Durch den weit geöffneten Mund sieht die Frau aus, als würde sie schreien, durch ihr durch ihre Hand verdecktes Gesicht scheint es ein verzweifelter oder schmerzverzerrter Schrei zu sein.

Reflektierende Interpretation:

Formale Komposition:

Dadurch, dass die Frau am Rande des Bildes, abgegrenzt von den anderen Menschen, steht, sich auch durch ihre Kleidung farblich von den anderen unterscheidet und ihr keine / kaum Beachtung geschenkt wird, entsteht der Eindruck, sie sei eine Außenseiterin. Da der Blick des Betrachters von oben herab auf sie gerichtet ist und sie auf die Knie zu gehen scheint, hat sie etwas Unterwürfiges an sich.

Ikonische Interpretation:

Da der Artikel, dem das Bild entnommen ist, den Titel „Von allen bösen Geistern besessen" trägt und die Frau vor Schmerz oder Verzweiflung schreit, kann angenommen werden, dass die Frau „besessen" ist. Die Tatsache, dass die Frau auf den Boden hinabgeht und der Fotograf sie von oben fotografiert hat, lässt sie unterwürfig und machtlos erscheinen. Ihre grelle Kleidung und ihre Position im Bezug zu den anderen umstehenden Personen lassen sie abgesondert erscheinen.

2.3.4.4 Exorzismusritual in der Kirche Divine Saviour in Mexico City

http://latin-america.photoshelter.com/image/I0000BNnxDp7FQ9M
Zugriff: 05.03.2013 10:24 Uhr:

Kontext:

Das Foto stammt aus einer Reihe von Fotos, die der Fotograf Jan Sochor in Mexiko aufgenommen hat. Der Bildunterschrift nach handelt es sich um ein Exorzismusritual, das am 31.05.2011 in Mexico City stattgefunden hat. Die Frau ist eine Mexikanerin, bei der gerade ein Exorzismus durchgeführt wird und die dabei „verzweifelt schreit". Die Hand gehört zu dem katholischen Pfarrer, der den Exorzismus durchführt. Exorzismus wird als altes religiöses

Ritual beschrieben, um Geister, Dämonen oder Teufel zu vertreiben, die Besitz von einem Menschen ergriffen haben sollen.[35]

Formulierende Interpretation:
Vorikonographische Ebene:
Auf dem schwarz-weiß Foto ist im Vordergrund eine Frau zu sehen, die den Kopf in den Nacken gelegt und den Mund sehr weit aufgerissen hat. Im Bildhintergrund sieht man Stuhlreihen, am hinteren Ende des Raumes große, vergitterte Fenster, durch die Licht strömt.
Die Frau, von der nur der Oberkörper bis zur Brust sichtbar ist, ist leicht nach rechts versetzt im Bild. Der Betrachter befindet sich auf Augenhöhe mit der Frau. Vor dem Körper der Frau ist eine Hand sichtbar, die mit dem Handrücken zum Betrachter nach oben gerichtet ist. Die Hand ist von einer älteren Person, da die Haut runzlig ist und Altersflecken hat.
Die Frau trägt ein gemustertes Oberteil. Ihre Haare sind nicht erkennbar, da sie den Kopf in den Nacken gelegt hat. Entweder sie hat einen Zopf oder kurze Haare, da man nichts sehen kann. Sie trägt Ohrringe, ist insgesamt aber dezent gekleidet. Ihre Augen sind geschlossen, leicht zusammengekniffen und ihr Mund so weit aufgerissen, dass man ihre Zähne, Zunge und den Rachenraum sehen kann.

Ikonographische Elemente:
Es ist schwer zu deuten, ob die Frau aus Schmerz, vor Wut oder aus einem anderen Grund schreit, da sie den Kopf so weit in den Nacken gelegt hat, dass man direkt in ihren Rachen blickt. Die Hand, die zwischen ihr und dem Betrachter ist, hat etwas Beschwichtigendes, als wolle die Person sie trösten.

Reflektierende Interpretation:
Formale Komposition:
Der Bildhintergrund ist bis auf Stühle leer, so dass nur die Frau, die direkt im Bildvordergrund sitzt, im Fokus des Betrachters liegt. Die Kameraperspektive ist so gewählt, dass der Betrachter auf Augenhöhe mit der Frau ist und ihr direkt in den Rachen blickt. Im Bildhintergrund ist niemand zu sehen, nur leere Stuhlreihen, was auf die Abwesenheit anderer Menschen hinweist.

Ikonische Interpretation:
Da die Frau schreit, den Mund dabei so weit wie möglich geöffnet und ihren Kopf dabei in den Nacken gelegt hat, sieht es aus, als würde sie zum Himmel schreien und völlig „von

---
35 http://latin-america.photoshelter.com/image/I0000BNnxDp7FQ9M [05.03.2013 10:24 Uhr].

Sinnen" sein. Sie ist auf dem Bild völlig allein zu sehen, ohne Menschen im Hintergrund, wodurch deutlich wird, dass sie allein und isoliert ist. Die Hand, die vor ihrem Gesicht ist, ist das Einzige, was man von einer anderen Person sieht. Die Hand wirkt beruhigend und beschwichtigend auf dem Bild, als wolle die andere Person Kontakt aufnehmen und sie aus der Isoliertheit befreien.

2.3.4.5 Telquel Artikel: Fais divers. L'exorcisme tue

http://www.telquel-online.com/node/2839

Zugriff: 04.03.2013 14:27 Uhr

Kontext:

Das Foto stammt aus einem Artikel der Zeitung „Telquel", einer marokkanischen Zeitung, die auf Französisch herausgegeben wird. In dem Artikel geht es um sechs Marokkaner, die im Juni 2004 angeklagt wurden, eine 23-jährige Frau bei einem Exorzismus umgebracht zu haben. Die Bildunterschrift besagt, dass die gezeigte Frau ein unschuldiges Opfer eines „falschen" Therapeuten sei. Ob das Foto gestellt ist oder nicht, wird nicht angegeben, genauso wenig um wen es sich handelt, wer der Fotograf ist oder wann es aufgenommen wurde.[36]

Formulierende Interpretation:

Vorikonographische Ebene:

Das Bild zeigt das Gesicht einer Frau, die auf einem Bett oder einem Sofa liegt, und Hände (wahrscheinlich von einem Mann), die auf ihrem Kopf und ihrer Stirn liegen. Das Gesicht der Frau ist zentral im Bild. Das gesamte Bild ist recht dunkel, nur das weiße Kopftuch und die weit aufgerissenen Augen heben sich hell vom dunklen Rest ab.

Die Frau sieht recht jung (wahrscheinlich zwischen 16 und 30) aus. Ihr Blick ist nach links, also rechts am Fotografen vorbei gerichtet. Man sieht nicht, wohin sie guckt. Ihr Blick sieht starr und erschrocken aus, da man sehr viel Weißes von ihren Augen sieht. Ihr Mund ist leicht geöffnet. Die Hände auf ihrem Kopf und ihrer Stirn scheinen ihren Kopf zu fixieren und festzuhalten.

Ikonographische Elemente:

Die Frau auf dem Bild befindet sich in einer bedrohlichen Situation. Sie sieht erschrocken aus, wie paralysiert, da sie die Augen weit aufgerissen hat und man viel von dem Weiß ihrer Augen sieht und ihr Mund leicht geöffnet ist. Der Eindruck, dass sie unbeweglich ist, wird durch die Tatsache verstärkt, dass ihr Kopf mit zwei Händen festgehalten wird. Die Art, in der

---

36 http://www.telquel-online.com/node/2839 [04.03.2013 14:27 Uhr].

die Hände ihren Kopf festhalten, von hinten mit den Daumen auf der Stirn, Richtung Augen zeigend, erinnert an eine Handauflegung. Bei der Frau scheint es sich um eine Muslimin zu handeln, da sie ein Kopftuch trägt, dass so gebunden ist, dass keinerlei Haare sichtbar sind. Bei der Person, die sie festhält, handelt es sich aufgrund der Größe und Form der Hände wahrscheinlich um eine männliche Person. Die Musterung des Bettes oder Sofas (bunt mit Blumen drauf) sieht aus wie ein privatgebräuchliches Möbelstück.

Reflektierende Interpretation:
Formale Komposition:
Die Frau liegt auf einem Bett oder Sofa und ihr Kopf wird von zwei Händen fixiert. Durch die Kameraperspektive von oben herab scheint der Betrachter über der Frau zu sein und von oben auf sie herab zu blicken. Durch diese Faktoren wirkt die Frau macht- und bewegungslos. Das Bild vermittelt, dass die Frau ängstlich ist und sich bedroht fühlt, da sie die Augen weit und erschrocken aufgerissen hat. Dadurch, dass man von der anderen Person nur die Hände sieht und auch sonst nicht die Quelle der Bedrohung auf dem Bild zu sehen ist, bleibt die Bedrohung anonym.

Ikonische Interpretation:
Die Frau auf dem Bild, aufgrund des Kopftuchs wahrscheinlich eine Muslimin, liegt paralysiert auf einem Sofa oder Bett. Sie ist sehr erschrocken und hat Angst und wird von einem Mann festgehalten. Durch das Festhalten ihres Kopfes oder eine Handauflegung will er sie ruhigstellen.

2.3.4.6 Exorzismus eines schlechten Geistes in den Straßen von Akra Indien

http://image.shutterstock.com/display_pic_with_logo/2700/2700,1139511086,4/stock-photo-an-exorcism-of-an-evil-spirit-in-the-streets-of-akra-india-this-is-a-series-of-pictures-an-969100.jpg
Zugriff: 05.03.2013 10:39 Uhr

Kontext:
Das Foto stammt von der Seite shutterstock.com, wo Fotografen aus aller Welt ihre Fotos anbieten. Das Foto wurde von Yuri Arcurs in Akra, Indien aufgenommen. Der Fotograf kommt aus Südafrika und arbeitet eigenen Angaben nach als Illustrator und Vektorgrafiker. Das Bild stammt aus einer Reihe von Fotos eines Exorzismus, der in Akra auf der offenen

Straße stattgefunden haben soll. Wer die gezeigten Personen sind und von wann das Foto stammt, ist nicht angegeben.

Formulierende Interpretation:
Vorikonographische Ebene:
Auf dem Bild liegt ein Mann auf dem Boden auf einer Straße oder einem Platz. Um ihn herum haben Menschen einen Kreis gebildet und stehen oder sitzen in einigem Abstand zu ihm. Über dem Mann am Boden steht ein anderer Mann, der seinen Hand über den Kopf des am Boden Liegenden hält.

Der Mann am Boden hebt sich farblich von den umliegenden Männer ab, die größtenteils unauffällig gekleidet sind, etwa in schwarz, blau oder beige. Er trägt ein bunt gemustertes Hemd in rot, gelb, orange und schwarz. Er liegt seitlich auf dem Boden. An den Füßen trägt er Sandalen, mit den Händen hält er sich den Kopf fest. Seine Augen blicken entweder ins Leere oder einen der Zuschauer an. Sein Mund ist neutral geschlossen.

Der Mann über ihm ist leicht nach vorne gebeugt. Seine Augen sind nicht erkennbar, da seine Haare sie teilweise verdecken. Sein Mund ist neutral geschlossen. Die Finger der Hand, die er über den Kopf des anderen Mannes hält, sind weit gespreizt.

Ikonographische Elemente:
Anhand der Haut- und Haarfarbe sowie der Kleidung und Frisuren der Männer wird deutlich, dass es sich um Männer aus dem indischen oder pakistanischen Raum handelt. Die Art, wie die außenstehenden Männer die beiden Männer in der Mitte beobachten, teils stehend, teils sitzend mit Interesse und Gelassenheit, teilweise auch wegschauend, zeigt, dass es sich um eine zwar nicht alltägliche, allerdings auch nicht allzu außergewöhnliche Szene handelt. Die Menschen sehen aufgrund ihrer Kleidung weder arm noch besonders wohlhabend aus.

Reflektierende Interpretation:
Formale Komposition:
Die Zuschauer blicken bis auf wenige alle zu den beiden Männern. Niemand schaut in die Richtung des Fotografen, der in der Menge hinter der ersten auf dem Boden sitzenden Zuschauerreihe stehen muss. Um den Mann hat sich ein Kreis gebildet, der eine Art Manege darstellt, in dessen Mitte sich das Geschehen abspielt, das die Außenstehenden wie ein Spektakel beobachten. Der Betrachter blickt von oben auf den am Boden liegenden Mann und befindet sich in etwa auf Höhe des zweiten Mannes. Dadurch, dass der zweite Mann direkt

über dem Liegenden steht und seine Hand über dessen Kopf hält, erscheint er in einer Machtposition dem liegenden Mann gegenüber.

Ikonische Interpretation:
Der am Boden liegende Mann scheint nicht ganz bei sich zu sein, da er sich den Kopf hält und die Augen geschlossen hat. Er ist in einer außergewöhnlichen Situation, da er von vielen umliegenden Männern beobachtet wird. Er ist in einer unterwürfigen Position gegenüber den Beobachtern und dem Mann neben ihm. Der Mann neben ihm hat Macht über ihn, da er über ihm steht und die Hand mit gespreizten Fingern über ihn hält.

2.3.4.7 Reportage: The Exorcised of Bahadur Shahid

http://telsawy.tripod.com/motionportal.html
Zugriff: 05.03.2013 10:37 Uhr

Kontext:
Das Bild stammt aus einer „Audio-Slideshow" von einem Reisefotografen namens Tewfic El-Sawy. Der Beschreibung nach handelt es sich um eine Reportage aus einem muslimischen Sufi-Schrein in Varanasi, Indien. Zu diesem Schrein kommen Muslime sowie Hindus und Sikhs, um von Dämonen und Geistern befreit zu werden, die sie physisch und psychisch krank machen. Bei den Personen, die hier Hilfe suchen, handelt es sich meistens um Frauen, die oft mit ihrer Familie anreisen. Bahadur Shahid war ein gläubiger Soldat, der in Varanasi starb und den Ruf hat, Menschen beizustehen. Wer die abgebildete Frau ist und wann das Foto aufgenommen wurde, ist nicht angegeben.[37]

Formulierende Interpretation:
Vorikonographische Ebene:
Das Bild aus der Reihe „The Excorcised of Bahadur Shahid" zeigt eine Frau, die gerade sehr stark in Bewegung ist. Die Frau ist im Vordergrund des Bildes, das außer schwarz und weiß nur wenig Farbe enthält. Der Sari der Frau ist hellrosa mit lila Blumen darauf. Er ist so gebunden, dass man das Oberteil sehen kann, was sie darunter trägt. Auch ihr Bauch ist zu sehen.
Im Hintergrund sieht man einen Jungen und eine Frau, allerdings sind sie nur teilweise auf dem Bild und ihre Köpfe nicht sichtbar.
Die Frau hält eine Hand auf dem Rücken, die andere ist auf ihrem Kopf, oberhalb der Stirn. Der Kopf sowie der gesamte Körper sind nach rechts geneigt. Die langen schwarzen Haare

---
37 http://telsawy.tripod.com/motionportal.html [05.03.2013 10:37 Uhr].

der Frau sind über ihrem Kopf, als würden sie ihr „zu Berge stehen". Wahrscheinlich hat die Frau gerade eine heftige Bewegung gemacht, so dass ihre Haare nach oben fliegen. Ihre Augen sind geschlossen und ihr Mund geöffnet, so dass man ihre Zähne sehen kann.

Ikonographische Elemente:

Die Frau auf dem Bild ist wahrscheinlich indischer oder pakistanischer Abstammung, da sie dunkle Haut und dunkle Haare hat und einen Sari trägt. Die Szene spielt sich womöglich auf offener Straße ab, da man Kopfsteinpflaster erkennen kann.

Reflektierende Interpretation:

Formale Komposition:

Das Foto ist von oben aufgenommen, so dass der Betrachter von oben herab auf die Frau blickt. Die Frau nimmt beinahe das komplette Bild ein, da sie mit dem Unterkörper rechts unten im Bild ist und sie ihren Oberkörper zur anderen Seite bewegt hat. Ihr Kopf und ihre Haare sind von ihr aus komplett nach rechts bewegt. Dadurch, dass ihre Haare nach oben stehen, wird erkennbar, dass sie gerade heftige Bewegungen ausführt, durch die ihre Haare nach oben geschleudert werden.

Ikonische Interpretation:

Die Frau auf dem Bild bewegt ihren Körper heftig. Er ist zur Seite geneigt und ihre Haare fliegen über ihren Kopf weg, ihre Augen sind geschlossen und ihr Mund leicht geöffnet. All dies sieht so aus, als wäre sie in einem Trancezustand. Die Frau ist in diesem Zustand auf offener Straße, einige Menschen sind im Hintergrund erkennbar, jedoch ist der Fokus auf ihr, wodurch sie alleine und isoliert erscheint.

2.3.4.8 Pi-News Artikel: Islamischer Exorzist erwürgt Frau

http://www.pi-news.net/wp/uploads/2010/06/Islamischer-Exorzismus.jpg
Zugriff: 04.03.2013 11:02 Uhr

Kontext:

Das Bild stammt aus einem Video mit dem Namen „Islamic Exorcism" und wird auf der Seite „Politically Incorrect" in einem Artikel vom 30.06.2010 mit dem Namen „Islamischer Exorzist erwürgt Frau" gezeigt. Der Artikel besagt, dass eine Frau im Jemen bei einem Exorzismus so lange gewürgt wurde, bis sie starb. Es wird nicht angegeben, ob es sich bei dem Video und dem Bild um die betroffene Frau oder eine andere Frau handelt. Es wird auch nicht angegeben, wer die Szenen gefilmt hat und von wann das Video und das Bild sind.[38]

---

38 http://www.pi-news.net/wp/uploads/2010/06/Islamischer-Exorzismus.jpg [04.03.2013 11:02 Uhr].

Formulierende Interpretation:

Vorikonographische Ebene:

Auf dem Bild sieht man zwei Personen. Eine Frau, die im Vordergrund mit angehobenem Oberkörper liegt bzw. sitzt, und ein Mann, der im Hintergrund kniet. Der Betrachter befindet sich in etwa auf Augenhöhe mit dem Mann, blickt also auf die Frau herab.

Das Gesicht der Frau ist nicht zu erkennen, da sie ein weißes Tuch über Kopf und Schultern gelegt hat. Sie trägt ein beiges Kleid, das ihren Körper bis auf die Hände bedeckt. Über ihren Schoß ist ein weiteres weißes Tuch oder eine Decke gelegt. Die Frau ist mit dem Oberkörper aufgerichtet, ihre Arme sind angehoben und weisen nach vorne. Ihre Finger sind gespreizt.

Der Mann im Hintergrund ist nur bis unterhalb der Augen auf dem Bild. Er trägt komplett schwarze Kleidung, unter anderem eine Lederjacke, die alles bis auf seine Hände und seinen Kopf bedeckt. Er kniet schräg hinter der Frau und hat seine rechte Hand auf den Kopf der Frau gelegt.

Reflektierende Interpretation:

Formale Komposition:

Die Person, deren Kopf bedeckt ist, befindet sich vorne im Bild auf Augenhöhe mit dem Betrachter. Der Fokus liegt auf ihr. Da von der hinteren Person das Gesicht nur von der Nase abwärts erkenntlich ist, ihre Augen also nicht zusehen sind, scheint ihre Persönlichkeit unwichtiger und anonym zu sein. Insgesamt ist das Bild sehr anonym, da von keiner der Personen das Gesicht zu erkennen ist. Die beiden Personen sind durch ihre Kleidung klar voneinander abgegrenzt. Die vordere Person ist komplett hell, weiß-beige, und der hintere Mann komplett schwarz gekleidet.

Ikonische Interpretation:

Die Person geht nach oben und hat ihre Arme nach vorne ausgebreitet, so wie es Leute tun, die Schlafwandeln. Dies weist auf einen anderen Bewusstseinszustand oder Orientierungslosigkeit der Person hin. Die Geste des Mannes, die Hand auf den Kopf der anderen Person zu legen, gleicht einer Handauflegung, also einer Heilung.

2.3.4.9 Einstufung und Klassifizierung von Besessenheit

http://www.spiritualresearchfoundation.org/de/besessenheit%E2%80%93einstufung-und-klassifizierung

Zugriff: 04.03.2013, 11:19 Uhr

Kontext:

Die „Spiritual Science Research Foundation", die sich selber als in Europa, den USA und Australien registrierte Nonprofit-Organisation für spirituelle Forschung beschreibt, hat auf ihrer Homepage einen Artikel zur Klassifizierung und Einstufung von Besessenheit veröffentlicht. Demnach gibt es drei Grade von Besessenheit: leichte, mittlere und starke Besessenheit. Die Intensität kann anhand verschiedener Kriterien gemessen werden. Es ist wichtig, inwieweit die besessene Person über ihre Besessenheit sprechen kann, wie hoch das spirituelle Niveau des Heilers ist, der sie heilen kann, wie weit die besessene Person von der fremden Macht kontrolliert wird und wie viel Leid die Macht dem Besessenen zufügt. Das Bild zeigt eine „leichte Besessenheit", die daran erkennbar ist, dass die Person sich abnormal verhält und die Symptome durch spirituelle Mittel, wie etwa dem Bespritzen durch Weihwasser oder dem Aufenthalt in einer Kirche oder einem Tempel, aufhören. Es ist nicht angegeben, ob es sich um ein gestelltes oder dokumentarisches Bild handelt. Wer die abgebildete Person ist und wer das Foto in welchem Kontext gemacht hat, ist ebenfalls unklar.[39]

Formulierende Interpretation:
Vorikonographische Ebene:

Auf dem Bild der „Spiritual Science Research Foundation Inc." zur Einstufung und Klassifizierung von Besessenheit ist eine weibliche Person abgebildet. Die Frau ist in der Ecke eines Raumes zwischen einem Metallschrank und einem Fenster. Sie ist nicht auf dem Boden, sondern steht mit den Füßen auf einem Fenstergitter und stützt sich mit einer Hand auf dem Schrank ab.

Die Frau trägt leuchtend grüne Kleidung mit hellblauem und rosa Muster, eine weite Hose und eine Art Gewand, das aussieht wie ein indischer Sari. Sie ist barfuß und hat silberne Kettchen an beiden Fußgelenken. Auch an ihrem Handgelenk trägt sie eine Kette in Bronze oder Gold.

---

39 http://www.spiritualresearchfoundation.org/de/besessenheit%E2%80%93einstufung-und-klassifizierung [04.03.2013, 11:19 Uhr].

Sie hat sehr langes dunkles Haar bis zur Hüfte, das ungekämmt aussieht. Ihr Gesicht ist unkenntlich gemacht, es ist jedoch sichtbar, dass sie sehr dunkle Augen und einen dunklen Mund hat.

Der Betrachter blickt von unten zur Frau hoch, da sie unter der Decke ist.

Es sieht so aus, als müsste die Frau sich kaum festhalten, sondern als würde sie fast in der Ecke schweben. Durch die schöne farbenfrohe Kleidung und die langen ungekämmten dunklen Haaren sowie die dunklen Gesichtszüge entsteht ein starker Kontrast. Da ihr Gesicht unkenntlich gemacht wurde kann man nur erahnen, dass sie sehr dunkle Augen und eventuell starke Augenringe hat.

Ikonographische Elemente:

Durch ihre exotische Kleidung und ihre langen dunklen Haare wirkt die Frau nicht westlich, sondern aus dem indischen Raum stammend. Die Vergitterung des Fensters sowie der massive Metallspind lassen den Raum wie eine Zelle wirken. Durch die ungewöhnliche Position und ihre wilden, ungekämmten Haare wirkt die Frau ungewöhnlich.

Reflektierende Interpretation:

Formale Komposition:

Die Frau ist im oberen Bildhintergrund. Das Bild ist so aufgenommen, dass es in die Ecke hinein fotografiert ist und der Beobachter genau auf die Frau blick. Der Beobachter befindet sich unter der Frau und schaut zu ihr auf.

Ikonische Interpretation:

Die Position der Frau, unter der Decke und an einem Fenstergitter, ist sehr ungewöhnlich für einen Menschen. Die Position, zusammen mit ihrer angespannten Körperhaltung, erinnert an eine Katze, die auf einen Schrank oder Baum geflohen ist und von oben herabschaut. Dadurch, dass ihre Augen unkenntlich gemacht worden sind und nur als dunkle Flecken in ihrem Gesicht erkenntlich sind, wirkt der Blick der Frau von oben herab bedrohlich.

2.3.4.10 Besessenheit / Voodoo

http://utzanhalt.de/?p=411
Zugriff: 08.032013 15:52 Uhr

Kontext:

Das Foto stammt aus einem Artikel mit dem Titel „Zombies in der Kulturgeschichte und im Horrorfilm" von Dr. Utz Anhalt, einem deutschen Politik- und Geschichtswissenschaftler. In dem Abschnitt zu dem Bild geht es darum, dass Voodoo-Zauberer (hier geht es im Speziellen um Haiti) Macht über die Seele von Menschen und über den Körper von Toten ergreifen können. Wo und von wem das Foto aufgenommen wurde und wer die abgebildeten Personen sind, wird nicht angegeben.[40]

Formulierende Interpretation:
Vorikonographische Ebene:
Im Zentrum des Bildes ist eine Frau, die von anderen Frauen festgehalten wird. Die Frau ist dunkelhäutig und trägt ein buntes Tuch um die Hüften. Obenrum ist sie unbekleidet. Sie ist weit nach vorne gebeugt und bewegt sich in Richtung der Kamera, blickt jedoch an der Kamera vorbei. Ihre Augen sind weit geöffnet, so dass man viel vom Weiß ihrer Augen sieht. Ihre Haare sind enganliegende Rastas. Der Mund der Frau ist geöffnet, so dass man die untere Zahnreihe sehen kann. Von den beiden Frauen, die sie festhalten, sieht man die Gesichter nicht, sondern nur Teile des Körpers wie Arme und Hände. Im Hintergrund stehen und sitzen noch weitere Frauen. Die meisten Frauen sieht man nur teilweise. Nur von einer Frau kann man das Gesicht erkennen. Alle Frauen sind dunkelhäutig und haben, soweit erkennbar, kurze schwarze Haare. Die anderen Frauen tragen auch alle bunt gemusterte Tücher als Kleider, jedoch ist nur bei der Frau im Vordergrund, die festgehalten wird, die Brust unbedeckt.

Ikonographische Elemente:
Die Hautfarbe sowie die Kleidung der Frauen lassen erkennen, dass es sich um afrikanische oder afroamerikanische Frauen handelt. Im Hintergrund sind Hütten zu erkennen, so dass angenommen werden kann, dass es sich um ein Dorf handelt. Da die Frau festgehalten wird und sie versucht, sich dem Griff der Frauen zu entziehen, scheint die Frau entweder angeschuldigt zu sein, etwas Schlimmes getan zu haben, oder eine Gefahr für andere oder sich selber zu sein. Durch die weit aufgerissenen Augen, die viel Weiß zeigen, und den leicht geöffneten Mund wirkt die Frau geschockt und verängstigt.

Reflektierende Interpretation:
Formale Komposition:
Auf dem Bild sind mehrere Personen, wahrscheinlich alles Frauen. Es ist jedoch nur das Gesicht einer Frau zu erkennen, die im Zentrum des Bildes ist. Sie wird von den umstehenden Personen umrahmt und festgehalten. Durch die Stellung der Personen erscheint die Frau im Zentrum machtlos, jedoch nicht resigniert, da sie sich dagegen sträubt, festgehalten zu

---

40 http://utzanhalt.de/?p=411 [08.032013 15:52 Uhr].

werden. Im Bildhintergrund sind noch einige andere Personen zu erkennen, die jedoch unscharf sind. Diese Personen beobachten das Geschehen, greifen jedoch nicht ein. Der Betrachter ist auf Augenhöhe mit der Frau, die festgehalten wird, und blickt direkt in ihre weit aufgerissenen Augen.

Ikonische Interpretation:
Durch ihren im Gegensatz zu den anderen Frauen entblößten Oberkörper wirkt die Frau im Zentrum des Bildes zügellos. Die gebeugte Körperhaltung sowie die weit aufgerissenen angsterfüllten Augen und der Blick von unten herauf lassen die Frau wie ein verängstigtes Tier wirken.

2.3.4.11 Krone.at Artikel: 14- Jährige nach Teufelsaustreibung fast erblindet

http://www.krone.at/Nachrichten/14-Jaehrige_nach_Teufelsaustreibung_fast_erblindet-Exorzismus-Ritual-Story-84663
Zugriff: 08.03.2013 12:03 Uhr

Kontext:
Das Foto stammt aus einem Online-Artikel der österreichischen Krone-Zeitung vom 26.11.2007 über einen Exorzismus an einem Maori Mädchen in Neuseeland, das bei der „Teufelsaustreibung" sein Augenlicht verloren hat, da ihre Verwandten ihr die Augen auskratzen wollten. Unter dem Bild steht „Symbolbild", was heißt, dass es nicht tatsächlich die betroffene Person zeigt. Wer der Fotograf und die abgebildeten Personen sind, wird nicht gesagt.[41]

Formulierende Interpretation:
Vorikonographische Ebene:
Auf dem Foto sind drei Personen zu erkennen. Eine weibliche Person im Vordergrund und eine weibliche und eine männliche Person im Hintergrund. Das Bild ist in Farbe und der Betrachter befindet sich auf Augenhöhe mit den abgebildeten Personen. Das Bild ist so aufgenommen, dass man den Eindruck hat, direkt vor der vorderen Person zu stehen.
Das Alter der weiblichen Person im Vordergrund ist schwer zu schätzen, da man ihren Körper nicht sieht und auch von ihrem Gesicht nicht viel erkennbar ist, da ihre langen dunkelbraunen Haare dies mehr als zur Hälfte verdecken. Die Augen der Frau sind geschlossen und ihr Mund geöffnet, so dass man ihre Zähne sehen kann. Ihr Gesicht sieht dabei nicht angespannt aus.

---
[41] http://www.krone.at/Nachrichten/14-Jaehrige_nach_Teufelsaustreibung_fast_erblindet-Exorzismus-Ritual-Story-84663 [08.03.2013 12:03 Uhr].

Die Frau trägt leuchtend orange Kleidung, die sich vom dunklen Hintergrund und den anderen Personen stark abhebt.

Von den Personen im Hintergrund erkennt man nur die männliche, da die weibliche Person gerade in Bewegung ist und ihr Gesicht verschwommen ist. Sie hat ebenfalls dunkle lange Haare und trägt ein lila Oberteil und ein helles Tuch umgebunden. Der Mann hält die Frau neben ihm am Arm und blickt sie an. Seine Augen sind nach unten gerichtet und dadurch nicht erkennbar. Er trägt helle, unauffällige Kleidung.

Ikonographische Elemente:

Die drei Personen sehen indisch aus, da sie dunkle Haare und dunklere Haut haben als Europäer. Auch die Kleidung der Frau im Hintergrund sieht indisch aus, wie ein Sari. Da der Bildhintergrund schwarz ist und das Bild mit Blitz aufgenommen wurde, muss die Szene entweder nachts oder in einem dunklen Raum stattfinden.

Reflektierende Interpretation:

Formale Komposition:

Der Betrachter blickt direkt auf das Mädchen mit den geschlossenen Augen, da sie im Bildvordergrund ist. Sie nimmt in etwa die Hälfte des Bildes ein. Die andere Hälfte wird von den beiden anderen Personen eingenommen, die sich weiter weg befinden. Es ist jedoch nur das Gesicht des jungen Mannes deutlich zu erkennen, da die andere weibliche Person gerade ihr Gesicht so heftig bewegt, dass es auf der Fotografie verwischt ist. Der Bildhintergrund ist komplett schwarz. Das vordere Mädchen sticht besonders durch ihr leuchtend oranges T-Shirt hervor.

Ikonische Interpretation:

Zunächst ist es bemerkenswert, dass der Betrachter zu einem Artikel über einen Exorzismus in Neuseeland, bei dem die Betroffene ihr Augenlicht verlor, ein Bild von einem wahrscheinlich indischen Mädchen mit geschlossenen Augen zu sehen bekommt.

Das Mädchen im Vordergrund wirkt abwesend, wie in Trance, da sie ihre Augen geschlossen und den Mund geöffnet hat und ihr Gesicht leicht angespannt scheint. Auch die weibliche Person im Hintergrund wirkt wie in Trance, was durch den Effekt verstärkt wird, dass ihr Gesicht nicht scharf gestellt ist, sondern verwischt ist. Der besorgte Blick des jungen Mannes neben ihr weist darauf hin, dass etwas mit ihr nicht Ordnung ist. Durch den schwarzen Hintergrund ist nicht klar, wo die Personen sich befinden. Das Bild vermittelt insgesamt ein Gefühl der Unklarheit, da nicht zugeordnet werden kann, wo die Personen sich befinden und warum sie in diesem tranceartigen Zustand sind. Die Haare des Mädchens, die wirr sind und ihr ins Gesicht hängen, verstärken diesen Aspekt der Unklarheit. Dass ihr Gesicht nur halb zu erkennen ist, ihre Augen geschlossen sind und auch das Gesicht der anderen weiblichen Person unkenntlich ist, lässt die drei Personen auf dem Bild sehr anonym erscheinen.

2.4 Herausstellung von Gemeinsamkeiten und Unterschieden

Nach den einzelnen qualitativen Bildanalysen können nun allgemeinere Aussagen über Gemeinsamkeiten und Unterschiede der Abbildungen von Besessenen getroffen werden.

Zunächst lässt sich festhalten, dass die meisten unter den oben genannten Suchkriterien gefundenen Bilder besessene Frauen zeigen. Die untersuchten, aus Filmen stammenden Bilder, sowie als Kunstwerke geschaffenen Bilder und Zeichnungen zeigen ausschließlich Frauen. Ältere Abbildungen, Gemälde aus dem christlichen Kontext, zeigen hingegen vermehrt Männer, während als dokumentarisch deklarierte Bilder wieder überwiegend, jedoch nicht ausschließlich, Frauen zeigen.

Die als Exorzisten dargestellten Personen sind ausschließlich Männer. Diese werden in einer Machtposition den besessenen Person gegenüber dargestellt. Entweder durch einen Höhen- bzw. Größenunterschied oder durch die Kameraperspektive, durch die die besessene Person dem Exorzisten gegenüber klein wirkt. Ein anderes wichtiges Darstellungsmerkmal der Exorzisten ist ihre Handhaltung bzw. eine Handsymbolik. Die Hände der Exorzisten sind entweder weit geöffnet der besessenen Person entgegengestreckt oder über den Kopf der besessenen Person ausgebreitet bzw. auch aufgelegt. Diese Handauflegungssymbolik verdeutlicht ebenfalls die Macht, die der Exorzist über die besessene Person hat. In einigen Fällen ist auch nur eine Hand oder zwei Hände zu sehen, die diese Symbolik verkörpern sollen. Im westlichen und speziell im christlichen Kontext wird häufig mit Kreuzsymbolen sowie Kleidung gearbeitet, die typisch für christliche Geistliche ist. Diese Symbolik fehlt bei Exorzisten anderer Kulturen, wie etwa einem muslimischen Exorzisten. Die andere Symbolik der Handauflegung und der Machtstellung der besessenen Frau gegenüber bleibt jedoch gleich.

Bei den untersuchten Darstellungen von besessenen Frauen ist stets die Weiblichkeit stark betont. Die Frauen haben lange Haare und tragen überwiegend Kleider oder Nachthemden. Die Bekleidung kann entweder als verführerisch, schutzlos oder aber als Bezug zum Schlafzustand und damit einem veränderten Bewusstseinszustand gedeutet werden. Die besessenen Männer auf den Gemälden sind am Oberkörper unbekleidet, was einerseits die Männlichkeit betonen, aber auch Schutzlosigkeit symbolisieren kann.

Merkmale, die allen Darstellungen von besessenen Personen gemeinsam sind, sind Körperhaltung, Gesichtsausdrücke und Körperzustände. Alle besessenen Personen werden durchgehend mit offenem Mund gezeigt. Hierbei gibt es entweder die Darstellung mit zügellos weit aufgerissenem Mund und „gefletschten" Zähnen, die einen unkontrollierbaren Schrei signalisiert, oder den angstvoll geöffneten Mund. In Kombination mit den Augen, die bei den unkontrollierbaren Schreien meist zusammengekniffen und bei angstvoll geöffnetem Mund aufgerissen sind, werden folgende geistige Zustände vermittelt: Angst, Panik und Schrecken oder Hass, Wut, Zorn und Unkontrolliertheit.

Bei der Körperhaltung der besessenen Personen gibt es auch verschiedene, den untersuchten Bildern gemeinsame Grundhaltungen. Die Darstellung besessener Personen im Film unterstreicht die Zügellosigkeit und Unkontrolliertheit besessener Menschen. Sie werden in verrenkten, unnatürlichen Positionen gezeigt, die von jedem anderen Menschen unmöglich einnehmbar und vermutlich sehr schmerzhaft wären. Verdrehte Körperteile oder durchgebogene Rücken und abgespreizte Gliedmaßen werden häufig gezeigt. Andere Bilder zeigen besessene Personen, die gefesselt werden mussten, was ebenfalls auf unkontrolliertes, gefährliches Verhalten verweist. Die alten Gemälde zeigen die besessenen Personen in einer ohnmächtigen Position, nach hinten fallend mit leeren Blicken, die nach oben gerichtet sind. Die Personen liegen entweder oder müssen gestützt werden, da sie von einer dunklen Macht übermannt wurden, die durch Dämonen, Teufel oder Geister neben dem Besessenen dargestellt werden. Die dokumentarischen Bilder aus anderen Kulturen zeigen die Besessenen in anderen Bewusstseinszuständen wie Trance, Paralyse oder außer sich vor Schmerz und Verzweiflung. Trance wird durch geschlossene Augen, entspannte Gesichtszüge und heftige Körperbewegungen dargestellt. Paralyse wird durch weit aufgerissene Augen, leicht geöffneten Mund und starre Körperhaltung dargestellt. Schmerz und Verzweiflung werden durch weit aufgerissene Münder und Augen oder durch mit Händen verdeckte Augen suggeriert.

Immer wieder ist auf den untersuchten Bildern eine animalische Symbolik zu finden. Die Besessenen werden auf allen Vieren kriechend, auf dem Boden oder im Dreck, angekettet, in einer Scheune, mit gefletschten Zähnen, wild im äußeren Erscheinungsbild, unkontrolliert, zügellos und generell mit unüblichem Verhalten dargestellt.

Viele Bilder aus Filmen und Bilder ohne dokumentarischem Anspruch sind schockierend und beängstigend durch Elemente wie Blut, „tote Blicke", also leere Blicke bis hin zu Augen ohne sichtbare Pupillen, verwahrloste Personen in verdrehten Positionen und abgemagerte Körper. Die Bedrohlichkeit, die durch die Bilder vermittelt wird, geht jedoch nur teilweise von den

Besessenen aus, da diese nicht immer als bedrohlich dargestellt werden. Sie erscheinen oft auch machtlos, unterworfen und unfähig, sich selber zu kontrollieren. In diesen Fällen geht die Bedrohlichkeit der Bilder von etwas aus, was nicht direkt auf dem Bild zu erfassbar ist. Die Besessenen sehen verwahrlost und misshandelt in einem schlimmen körperlichen Zustand, teilweise aggressiv und hasserfüllt und dennoch machtlos aus. Eine solche Darstellung zeigt, dass die Personen von etwas „besessen" sind. Etwas Böses ist in ihnen, das sie verändert und beherrscht, das sie leiden und nach außen hin bösartig wirken lässt.

Die dokumentarischen Bilder von Exorzismen aus anderen nicht-westlichen Kulturen zeigen die Besessenen häufiger in Menschengruppen oder mit einer anderen Person. Dabei werden die Besessenen durch die Kameraperspektive, die Position auf dem Bild oder aber durch besonders auffällige Kleidung auf dem Bild herausgehoben und als isoliert oder „anders" dargestellt.

Weiterhin ist ein kultureller Unterschied in der farblichen Symbolik erkennbar. Während die besessenen Personen aus dem westlichen Kontext auf allen untersuchten Fotografien, Zeichnungen und Filmausschnitten weiße Kleidung tragen und die Exorzisten in schwarzer Kleidung gezeigt werden, unterscheiden sich die untersuchten Bilder aus Südamerika, Indien und Marokko diesbezüglich. In diesen Kulturen werden die besessenen Personen, bis auf eine Ausnahme alles Frauen, entweder in bunter Kleidung dargestellt oder aber die Farbsymbolik von Besessenem und Exorzisten umgedreht, also der Exorzist in Weiß und die besessene Person in Schwarz präsentiert.

Eine Ausnahme bilden hier die Gemälde, meist Abbildungen aus dem Mittelalter, die sich nicht nur von den modernen Abbildungen von Exorzismen unterscheiden, indem sie auch männliche Besessene zeigen, sondern auch in der Farbwahl der Kleidung. Die Besessenen tragen Kleidung ganz unterschiedlicher Farben oder sind nackt, während jedoch die Exorzisten auch hier meist in schwarzer Kleidung dargestellt werden.

In den untersuchten Darstellungen lassen sich also physische Veränderungen der Besessenen finden, die auch von Hartmut Zinser in seiner Definition von *Besessenheit*[42] angegeben wurden. Die Augen der Besessenen sind auf den Bildern meistens aufgerissen, verdreht oder geschlossen, die Beherrschung über den eigenen Körper scheint verloren, da sie häufig in verdrehten Positionen sind oder in unnatürlichen Körperhaltungen erstarrt erscheinen.

Insgesamt werden Besessene in Filmen und Fotografien ohne dokumentarischen Anspruch bewusst abschreckend dargestellt und viele Aspekte von Besessenheit miteinander kombiniert. Häufig wird von Angst einflößenden Mitteln wie Blut Gebrauch gemacht.

---

42 Vgl.: Zinser, Seite 131.

Weiterhin auffällig ist der vermehrte Gebrauch von animalischen Aspekten und Zügellosigkeit im Film und in nicht-dokumentarischer Fotografie. Zum Beispiel werden die Besessenen häufig gefesselt gezeigt, da sie (im Kontext des Films) aggressiv, gefährlich und fremdbestimmt dargestellt werden. Diese Darstellung zeigen eine überspitze Version der Darstellungen, die nicht der reinen Unterhaltung und Schockierung dienen.

In den untersuchten alten Gemälden ist eine klare, künstlerisch hervorgehobene Dualität von Gut und Böse zu finden. Die besessene Person wird als schwach, umringt von bösen Geistern und Dämonen, dargestellt, während der Exorzist farblich abgehoben in einem anderen Bereich steht und Macht ausströmt. Dies lässt sich dadurch erklären, dass die Gemälde meist im christlichen Kontext entstanden sind, in dem eine Dualität zwischen Gut und Böse angenommen wurde[43]. Von den Exorzisten geht in diesen Bildern immer eine besondere Macht aus. Sie verkörpern das Gute, das es vermag, das Böse zu besiegen.

2.5 Teuflische Besessenheit bei Frauen

Insgesamt gibt es also einige Gemeinsamkeiten in der Darstellung von Besessenheit weltweit. Neben einigen Unterschieden, die auf den unterschiedlichen kulturellen Hintergrund der besessenen Personen zurückzuführen sind, wie zum Beispiel die farbliche Gestaltung der Bilder und der Kleidung, gibt es eine besonders auffällige Gemeinsamkeit, die viele Bilder prägt: Es werden überwiegend Frauen als besessen dargestellt. Betrachtet man die Definitionen von Besessenheit von Bruno Martin, Gustav Mensching oder Martin Zinser, so ist niemals die Rede von einer genderspezifischen Besessenheit. Voraussetzung für Besessenheit ist lediglich das Auftreten von einem bösen Geist sowie einem Menschen mit einer Seele. Warum werden also überwiegend Frauen als besessen dargestellt? Und woher kommen die Merkmale von Besessenheit, die in der westlichen Kultur als solche erkannt werden?

Eine mögliche Antwort darauf gibt Moshe Sluhovsky in seinem Artikel *„Spirit Posession and Other Alterations of Consciousness in the Christian Western Tradition"*. Er beschreibt die Änderung der Wahrnehmung von Besessenheitszuständen im Mittelalter. Früher waren Besessenheitsphänomene weit verbreitet, wobei zwischen göttlicher und teuflischer Besessenheit unterschieden wurde. Es war nicht unüblich, sich durch Meditation und Visualisierungen mit Christus zu vereinigen.[44]

Im späten Mittelalter schlugen besonders Frauen diesen Weg der mystischen Vereinigung mit Jesus Christus ein. *„Women, much more than men, made divine possession a common*

---
43 Habermehl, Seite 401.
44 Sluhovsky, Seite 76-77

religious idiom between the 13th and 16th centuries, and, more often than not, their possessions took a bodily configuration. Female mystics levitated, entered into trance states, shed copious tears, or were paralyzed in rigid positions".[45] Die Merkmale von Besessenheit wie Trance, Paralyse und verrenkte Körperhaltungen sind auch auf der Mehrzahl der untersuchten Bilder zu finden. Diese Merkmale von Besessenheit waren also schon im Mittelalter bekannt.

Warum gerade Frauen empfänglicher für Besessenheit waren, erklärt Moshe Sluhovsky dadurch, dass Frauen für emotionaler, mehr im Körper verankert und leidenschaftlicher galten als Männer. Die Frauen nutzen ihre Körper, die häufig für benachteiligt und imperfekt gehalten wurden, um Gott näher zu kommen. Meditations-Techniken breiteten sich von Klöstern aus zu Laien und von gelehrten Männern zu „unwissenden" Frauen aus, so dass das „klerikale Monopol" aufgehoben wurde. Diese Veränderungen wurden von der Kirche nicht gerne gesehen.[46]

Neben Besessenheitsphänomenen, die durch die Vereinigung mit Christus erlangt werden konnten, war im Mittelalter auch Besessenheit durch böse Mächte wie den Teufel, andere Dämonen oder die Seelen von Verstorbenen bekannt. Schon in der Bibel wurden solche Besessenheitsphänomene thematisiert. *„In the Bible, most demonic agencies within a posessed body manifested themselves in physical signs such as contortions, convulsions, deafness, blindness, speech impediments, arthritis, epilepsy, and temporary insanity [...]".*[47]

Da die physischen Merkmale von Besessenheit, verursacht durch böse Mächte, sich nicht stark von den Besessenheitsmerkmalen durch Vereinigung mit Gott unterschieden, war es auch sehr schwierig zu entscheiden, wovon eine Person besessen sein sollte. Es wurden also bestimmte Merkmale festgelegt, an denen erkennbar sein sollte, wovon eine Person besessen war. So konnte zum Beispiel getestet werden, wie ein Besessener auf christliche Symbole wie Kreuze oder die Bibel reagierte. Daher gab es noch weitere psychische und physische Merkmale, die untersucht wurden. Nach den aufgestellten Kriterien zeigte sich, dass besonders viele Frauen von bösen Mächten besessen waren.[48]

Nachdem die Praktiken zur Erreichung von „göttlicher Besessenheit" aus den Mauern der Klöster heraus an das Laienvolk und damit auch an ungelehrte Frauen gelangt waren, breiteten sich diese Techniken unter den Frauen stark aus. Die mystischen Techniken waren unter ihnen besonders beliebt, da sie zu dem Wissen der gelehrten Männer keinen Zugang

---

45 Sluhovsky, Seite 78
46 Sluhovsky, Seite 78
47 Sluhovsky, Seite 79
48 Sluhovsky, Seite 80

hatten. Um diese mystischen Praktiken wieder unter Kontrolle zu bekommen, stellte die katholische Kirche Kriterien auf, um göttliche von teuflischer Besessenheit unterscheiden zu können. *"Unsurprisingly, then, the church's attempt to redraw the boundaries between divine and diabolic possession went hand in hand with is systematic effort to delegitimize most forms of affective mysticism"*.[49]

Dass Frauen besonders häufig als vom Teufel oder anderen bösen Mächten besessen galten, führt Moshe Sluhovsky also darauf zurück, dass Frauen aufgrund der Ausgeschlossenheit aus den Lehren der Kirche die mystische Vereinigung mit Gott in Form von (göttlicher) Besessenheit suchten, wobei die katholische Kirche diese daraufhin häufig als dämonische Besessenheit umdeklarierte.

3. Fazit

In der Untersuchung der Bilder zum Thema „Besessenheit und Exorzismus" sind globale Gemeinsamkeiten sowie einige Unterschiede aufgetaucht, die durch kulturelle Prägung von Besessenheitsphänomenen erklärt werden können. Im westlichen Raum hat das Thema Besessenheit einen Weg als „Schocker" in die Unterhaltungsmedien und Boulevardschlagzeilen gefunden, während in anderen Kulturkreisen Exorzismus auch öffentlich oder in größeren Gruppen praktiziert wird und alltäglicher ist.

Die häufigsten Gemeinsamkeiten der Bildmaterialien sind die überwiegende Darstellung von Frauen als Besessenen sowie eine Reihe von Merkmalen, die einzeln oder in Kombination bei den meisten Bildern auftreten. Hierzu zählen animalische Züge der Besessenen, Trancezustände, aufgerissene Münder und / oder Augen, Schmutz in der Umgebung und auf den Betroffenen, beängstigende Elemente wie Blut oder Spuren von Misshandlungen sowie unnatürliche, verrenkte Körperpositionen der Besessenen.

Dass nahezu nur Bilder von besessenen Frauen zu finden sind, lässt sich aus den vorgestellten religionswissenschaftlichen sowie theologischen Definitionen heraus grundsätzlich nicht erklären, da auf dieser Grundlage als Voraussetzung für Besessenheit lediglich das Vorkommen von dämonischen Geisterwesen sowie die Vorstellung einer Seele, die besessen werden kann, gelten. Die bisherigen Definitionen sind also nicht genderspezifisch. Eine Erklärung, warum überwiegend Frauen von bösen Mächten besessen sein sollen, gibt Moshe Sluhovsky in seinem Artikel *„Spirit Posession and Other Alterations of Consciousness in the Christian Western Tradition"*. Demnach haben sich Vorurteile gegen Frauen im Mittelalter herausgebildet, sie seien leichtere Opfer für den Teufel. Tatsächlich praktizierten Frauen

---

49 Sluhovsky, Seite 84

häufiger Meditationspraktiken, um sich zum Beispiel mit Jesus Christus zu vereinen, da sie von den geistigen Lehren der Kirche ausgeschlossen wurden. Diese Praktiken führten zu äußerlichen Symptomen, die uneindeutig waren. Um teuflische von göttlicher Besessenheit unterscheiden zu können, stellte die katholische Kirche Kriterien auf. Auch heute noch schlagen sich diese Kriterien in den Bildern von Besessenheit nieder, die es bis in aktuelle Hollywood Filme geschafft haben.

4. Quellenangaben

4.1 Literaturquellen

Bohnsack, Ralf: Die dokumentarische Methode in der Bild- und Fotointerpretation, in: Die dokumentarische Methode und ihre Forschungspraxis – Grundlagen qualitativer Sozialforschung, Bohnsack, Ralf, Iris Nentwig-Gesemann, Nohl Arnd-Michael Nohl (Hrsg.), VS Verlag für Sozialwissenschaften, Wiesbaden, 2007

Habermehl, Peter: *Exorzismus* in: Handbuch religionswissenschaftlicher Grundbegriffe, Band 2, Cancik, Hubert, Burkhard Gladigow, Laubscher, Matthias (Hrsg.), Verlag W. Kohlhammer, Stuttgart, 1990

Martin, Bruno: *Das Lexikon der Spiritualität – Lehren, Meister, Traditionen*, Atmosphären Verlag, München, 2005

Mensching, Gustav: *Besessenheit*, in: Die Religion in Geschichte und Gegenwart, Band 1, Galling, Kurt (Hrsg.), J.C.B.Mohr Verlag, Tübingen, 1986, 3. Auflage

Michel, Burhard: *Fotografien und ihre Lesearten. Dokumentarische Interpretation von Bildrezeptionsprozessen*, in: Die dokumentarische Methode und ihre Forschungspraxis – Grundlagen qualitativer Sozialforschung, Bohnsack, Ralf, Iris Nentwig-Gesemann, Nohl Arnd-Michael Nohl (Hrsg.), VS Verlag für Sozialwissenschaften, Wiesbaden, 2007

Sluhovsky, Moshe: *Spirit Posession and Other Alterations of Consciousness in the Christian Western Tradition*, in: Altering Consciousness – Multidisciplinary Perspectives, Volume 1: History, Culture and the Humanities, Cardeña, Etzel und Michael Winkelmann (Hrsg.), Praeger, Oxford, 2011

Zinser, Hartmut: *Besessenheit*, in: Handbuch religionswissenschaftlicher Grundbegriffe, Band 2, Cancik, Hubert, Burkhard Gladigow, Laubscher, Matthias (Hrsg.), Verlag W. Kohlhammer, Stuttgart, 1990

4.2 Bildquellen

Besessenheit – Einstufung und Klassifizierung
http://www.spiritualresearchfoundation.org/de/besessenheit%E2%80%93einstufung-und-klassifizierung [04.03.2013, 11:19 Uhr]

Besessenheit / Voodoo
http://utzanhalt.de/?p=411 [08.032013 15:52 Uhr]

Der Exorzismus von Emily Rose
http://www.celluloid-dreams.de/kritiken/show/Der-Exorzismus-von-Emily-Rose.html [04.03.2013 10:04 Uhr]

Der Exorzismus von Emma Evans
http://www.wewantmedia.de/filme/der-exorzismus-der-emma-evans-universum-film/ [04.032013 10:19 Uhr]

Der letzte Exorzismus
http://www.movie-infos.net/news_detail.php?newsid=26279_[04.03.2013 10:02 Uhr]

Der letzte Exorzismus 2
http://www.kinofans.com/Kino-News/Film-News/DER-LETZTE-EXORZISMUS-II-Neues-Filmplakat-E24649.htm [04.03.2013 10:40 Uhr]

Exorcism Columbia (Los Angeles Times Photography)
http://framework.latimes.com/?attachment_id=32601_[04.03.2013 14:38 Uhr]

Exorzismus eines schlechten Geistes auf den Straßen in Akra
http://image.shutterstock.com/display_pic_with_logo/2700/2700,1139511086,4/stock-photo-an-exorcism-of-an-evil-spirit-in-the-streets-of-akra-india-this-is-a-series-of-pictures-an-969100.jpg [05.03.2013 10:39 Uhr]

Exorzismuskarikatur
http://wolkenkuckuck.blogspot.de/2012/05/exorzismus.html [04.03.2013 10:36 Uhr]

Exorzismusritual in der Kirche Divine Saviour in Mexico City
http://latin-america.photoshelter.com/image/I0000BNnxDp7FQ9M [05.03.2013 10:24 Uhr]

Fais divers. L'exorcisme tue
http://www.telquel-online.com/node/2839 [04.03.2013 14:27 Uhr]

Heute.at Artikel: 122 neue Exorzisten für katholische Kirche
http://www.heute.at/news/welt/122-neue-Exorzisten-fuer-katholische-Kirche;art414,461590 [08.03.2013 15:16 Uhr]

„Horror Scene of a Possessed Woman Crawling and Screaming through Woods"
http://www.shutterstock.com/pic-76393900/stock-photo-horror-scene-of-a-possessed-woman-crawling-and-screaming-through-woods.html [05.03.2013 09:33 Uhr]

„Horror Scene of a Woman Possessed holding a doll sitting in a chair"
http://www.shutterstock.com/pic-84514081/stock-photo-horror-scene-of-a-woman-possessed-holding-a-doll-sitting-in-a-chair.html [06.03.2013 09:35 Uhr]

Islamischer Exorzist erwürgt Frau
http://www.pi-news.net/wp/uploads/2010/06/Islamischer-Exorzismus.jpg [04.03.2013 11:02 Uhr]

Krone.at Artikel: 14- Jährige nach Teufelsaustreibung fast erblindet
http://www.krone.at/Nachrichten/14-Jaehrige_nach_Teufelsaustreibung_fast_erblindet-Exorzismus-Ritual-Story-84663 [08.03.2013 12:03 Uhr]

Mariazeller Wunderaltar
http://de.wikipedia.org/wiki/Meister_der_Wunder_von_Mariazell [04.03.2013 11:52 Uhr]

The Exorcised of Bahadur Shahid
http://telsawy.tripod.com/motionportal.html [05.03.2013 10:37 Uhr]

The Exorcism
http://www.scoopempire.com/post/2012/08/28/The-Exorcism.aspx [05.03.2013 09:28 Uhr]

The Rite – Das Ritual

http://insidethefear.blogspot.de/2011/03/how-to-make-bad-horror-movie-rite-of.html [08.03.2013 12:32 Uhr]

The Rite – Das Ritual: Exorzismuskurs

http://wwws.warnerbros.de/therite/exorcismclass/index.html [04.03.2013 10:49 Uhr]

Von allen bösen Geistern besessen

http://derstandard.at/1358305642727/Von-allen-boesen-Geistern-besessen [04.03.2013 14:03 Uhr]

4.3 Internetquellen

Exorzismusritual in der Kirche Divine Saviour in Mexico City

http://latin-america.photoshelter.com/image/I0000BNnxDp7FQ9M [05.03.2013 10:24 Uhr]

Der Exorzismus von Emily Rose

http://de.wikipedia.org/wiki/Der_Exorzismus_von_Emily_Rose [11.04.2013, 13:00 Uhr]

Der Exorzismus von Emma Evans

http://www.filmstarts.de/kritiken/182941.html [11.04.2013, 13:26 Uhr]

Der letzte Exorzismus

http://de.wikipedia.org/wiki/Der_letzte_Exorzismus [11.04.2013, 12:52 Uhr]

Der letzte Exorzismus 2

http://www.gamona.de/kino-dvd/der-letzte-exorzismus-2:movie,2207776.html [11.04.2013, 13:06 Uhr]

derstandart.at Artikel: Von allen bösen Geistern besessen

http://derstandard.at/1358305642727/Von-allen-boesen-Geistern-besessen [04.03.2013 14:03 Uhr]

Dr. Utz Anhalt: Besessenheit / Voodoo

http://utzanhalt.de/?p=411 [08.032013 15:52 Uhr]

Krone.at Artikel: 14- Jährige nach Teufelsaustreibung fast erblindet
http://www.krone.at/Nachrichten/14-Jaehrige_nach_Teufelsaustreibung_fast_erblindet-Exorzismus-Ritual-Story-84663 [08.03.2013 12:03 Uhr]

Reportage: The Exorcised of Bahadur Shahid
http://telsawy.tripod.com/motionportal.html [05.03.2013 10:37 Uhr]

Mariazeller Wunderaltar
http://de.wikipedia.org/wiki/Meister_der_Wunder_von_Mariazell [04.03.2013 11:52 Uhr]

Pi-News Artikel: Islamischer Exorzist erwürgt Frau
http://www.pi-news.net/wp/uploads/2010/06/Islamischer-Exorzismus.jpg [04.03.2013 11:02 Uhr]

Spiritual Science Research Foundation - Die Verbindung der bekannten und der unbekannten Welten Artikel: Besessenheit – Einstufung und Klassifizierung
http://www.spiritualresearchfoundation.org/de/besessenheit%E2%80%93einstufung-und-klassifizierung [04.03.2013, 11:19 Uhr]

The Rite – Das Ritual
http://de.wikipedia.org/wiki/The_Rite_%E2%80%93_Das_Ritual [11.04.2013, 13: 18 Uhr]

Telquel Artikel: Fais divers. L'exorcisme tue
http://www.telquel-online.com/node/2839 [04.03.2013 14:27 Uhr]